KB220786

행동과 묵상이 조화된 영성

일·창조·돌봄의 영성

파커 J. 파머

홍병룡 옮김

Active Life: a spirituality of work, creativity, and caring

아바서원

THE ACTIVE LIFE: a spirituality of work, creativity, and caring

THE ACTIVE LIFE
a spirituality of work,creativity, and caring

Parker J. Palmer

차례 ——————— 8

친애하는 친구들에게

　내가 쓴 여러 책들이 한국어로 번역되어 무척 흐뭇합니다. 특히 이 책 「일·창조·돌봄의 영성」(The Active Life)에 여러분을 기쁘게 초대합니다. 이 책의 초판은 거의 25년 전인 1990년, 그러니까 나의 영적 여정에 중요한 전환점이 되었던 시점에 출판되었습니다.

　당시에 쉰 살이었던 나는 여러 해 동안 부모로서, 시민으로서, 공동체 조직자로서, 선생으로서, 행정가로서, 저자로서 '활동적인 삶'을 영위해 오던 터였습니다. 아울러 내가 존경하던 토마스 머튼 같은 신비주의자들과 수도사들의 영향을 받아 나의 활동적인 삶에 그들의 삶을 잘 '접목'할 수 있을 관조적인 길을 찾고 있었습니다. 예컨대 나는 가능한 한 주말에는 자주 피정의 시간을 가졌습니다. 그러나 나의 활동적인 삶이 아주 버거워서 그런 시간을 내기가 쉽지 않았습니다. 그러다 보니 관조적인 생활방식의 열매를 놓치고 있다는 생각 때문에 갈수록 좌절에 빠지고 말았습니다.

그러던 중 드디어 돌파구를 찾았습니다. '관조'(contemplation: 사색, 명상, 묵상, 관상 등으로도 옮길 수 있으며, 이 책에서는 '관조'로 번역했다.-옮긴이)라는 것이 침묵과 고독의 피정에만 국한되지 않는다는 것을 깨달은 것입니다. 관조는 곧 '환상을 꿰뚫고 실상을 만지는 길'임을 이해하게 되었고, 이것이 그동안 위대한 신비주의자와 수도사들이 늘 해왔던 것임을 알았습니다. 나의 활동적인 삶은 그럴 수 있는 기회를 많이 제공했습니다. 단 내가 눈을 뜨고 있을 때 그랬다는 것입니다.

그럼에도 나의 많은 시간과 에너지를 소모하는 활동들로부터 벗어나 조용한 시간을 갖는 것을 나는 여전히 소중히 여깁니다. 하지만 활동적인 삶이 제공하는 일상적인 기회들, 곧 나 자신과 세상에 대해 품고 있는 환상들을 꿰뚫고 나에게 든든한 토대를 제공하는 실상, 특히 하나님의 현존을 만질 수 있는 기회들도 똑같이 소중히 여기고 있습니다.

친애하는 한국의 친구들도 이 '활동적인 삶'이 주는 선물과 은총을 누리기를 바랍니다.

2013년 10월
위스콘신 주 메디슨에서
파커 파머

9

서문

저자를 그가 다루는 주제의 전문가로 생각하는 것은 잘못이다. 적어도 내 경우는 그렇다! 나는 여전히 씨름하고 있는 문제, 나에게 중요하지만 아직도 해결하지 못한 문제에 관한 글을 쓴다. 일단 어떤 것을 섭렵하면 그것은 뒤로 제쳐놓는다. 책의 집필에 필요한 뜨거운 호기심을 잃어버리기 때문이다. 내가 난처한 문제 및 딜레마에 관한 글을 쓰는 것은 혹시 나 자신과 세상을 좀 더 이해할 수 있을까 싶어서 미답의 영토에 발을 들여놓기 위함이다.

이 책이 탄생하게 된 배경도 그랬다. 1980년대 말, 관조 공동체에서 오랫동안 생활한 뒤 내 길은 수도원주의가 아니라 행동주의란 것을 깨닫기 시작했는데, 그때 쓴 글이다. 그것은 세월의 시험을 통과한 통찰이었다. 이 책을 처음 출판하고 10년이 흐르는 동안 나는 아주 활동적인 삶을 영위해 왔다. 가르치고, 글을 쓰고, 폭넓게 여행하고, 여기저기 흩어진 동료 및 친구와 함께 여러 프로젝트에 착수하고, 관심 있는 대의를 옹호하는 등 활동 위주의 삶을 살았던 것이다.

이 책을 새로 선보이게 된 걸 무척 고맙게 생각하는 것은 내가 여전히 이 문제들을 붙들고 씨름하는 중이기 때문이다! 나는 이 책에 담긴 자료에서 지침을 찾으려고 계속 애쓰고 있다. 특히 이 책의 여섯 장이 다루고 있는, 다양한 지혜 전통들에서 나온 그 위대한 이야기들로 되돌아가곤 한다. 예컨대 4장에 나오는 도교 이야기의 주인공인 '나무조각가'는 나에게 살아 있는 인물이 되었다. 정신이 없는 와중에 나는 그 사람과 고요한 대화를 나누면서 통찰과 도전과 위로를 받는다.

오늘날은 가정과 일터, 공동체에서의 삶이 갈수록 더 미친 듯이 돌아가는 만큼, '행동하는 관조'를 통해 생명을 얻을 필요가 있는 사람은 결코 나만이 아닐 것이다. 당신도 이에 공감한다면 이 책이 도움이 될 것이다.

이 책의 초판에서 여러 사람에게 감사를 표했는데, 그들은 이 책이 나오기까지의 여정에 함께한 이들이기에 다시금 거명할까 한다. 에드 비어즈, 찰리 글래서, 로버트 린, 존 모갑갑, 루이 올프슨, 라번 파머, 샐리 파머, 수잔 파머, 밥 란킨과 마르타 란킨, 샤론 월린, 바바라 휠러. 그 명단에 있던 사람들 중 두 명은 10년 세월이 흐르는 동안 숨졌다. 그 두 분이 무척 그립다. 내 친구 헨리 나우웬과 부친 맥스 파머, 그들에게 감사를 드리는 바이다. 또다시 릴리 재단에 감사하는 것은 꼭 필요한 때에 이 책의 집필에 필요한 후원을 해주었기 때문이다.

이 책을 비롯한 여러 프로젝트에 훌륭한 파트너로 동역한 담당 편집자 사라 폴스터에게도 감사드린다. 내가 하는 모든 일에서 안내자요 지지자로서 손색이 없는 아내 샤론 파머에게는 감사 이상의 감사를 하고 싶다.

1999년 5월
위스콘신 주 메디슨에서
파커 파머

행동하는 영성:
온전히 살아 있다는 것

1장

―

영적인 삶을 보여주는 이미지들

행동의 세계에 속한, 일과 창조성과 돌봄을 탐구하는 이 책은 내가 수도사가 아니라는 앎에 이르는 긴 여정의 결과물이다.

나로서는 이 결론에 이르는 데 수년이나 걸렸건만, 내 친구들은 그것을 통찰력 있는 깨달음으로 여기지 않는다. 어쨌든 나는 침묵하고 금욕하고 홀로 있기를 좋아하는 정통 수도사 타입이 아니라고 그들이 일러준다. 나는 세 자녀의 아버지요, 교육과 사회변동 분야의 행동가요, 퀘이커 교도요, 수도사 유형과는 거리가 먼, 주관이 뚜렷한 외향적인 사람이다. 그런데 무엇이 애초에 내가 수도사 유형일지도 모른다는 생각을 품게 했고, 또 수년 후에 그렇지 않다는 결론에 도달하게 했을까? 그리고 그 과정에서 활동적인 삶으로의 소명에 대해 무엇을 발견했던가?

이런 질문들이 나만의 것이라면 내가 여기서 굳이 그것들을 제기하지 않을 것이다. 물론 그 여정은 나만의 독특한 것이었지만 나에게 닥친 그 이슈들은 결코 나만의 것이 아니다.

지난 30년에 걸친, 토마스 머튼을 발단으로 한 영성 르네상스는 많은 이들에게 영향을 주었고, 침묵, 고독, 관조, 향심성(向心性)과 같은 수도원적 은유와 행습의 영향을 크게 받았다. 풍부한 수도원 전통에서 온 이 영성은 분주한 활동의 세계에 몸담은 수많은 사람에게 평안을 약속한다. 이들 중 대부분은 수도원에 들어갈 것을 꿈도 꾸지 않았겠지만 활동적인 삶의 한복판에서 좀 더 수도사를 닮은 관조적인 인물이 되고 싶어 한다.

수도원 영성은 나를 포함한 많은 이들에게 주어진 하나의 선물이었다. 그러나 수도원의 비전과 활동 중심 세계에서의 삶이 항상 잘 어울리는 것은 아니다. 수도원의 규범에 따라 살려는 사람들이 때로는 기대 수준에 못 미치는 바람에("나는 묵상 시간을 하루에 한 시간도 확보할 수 없다") '영적이지 못한' 생활을 한다는 죄책감에 시달리기도 한다. 수도원의 가치관과 활동적인 삶의 부담 사이에 갇힌 이들이 때로는 영적인 추구를 포기하는 경우도 있다. 그리고 활동 에너지를 존중하지 않는 영성을 따르는 사람들이 의기소침해지고 뒤로 물러나서 수동적인 자세를 취하게 되기도 한다.

오늘날의 영성 서적을 보면 행동의 세계를 에고와 권력이 군림하는 영역으로 묘사하는 한편, 관조의 세계를 빛과 은혜의 영역으로 그리는 것이 쉽게 눈에 띈다. 예컨대 '참된 자아'를 발견하려면 활동적인 삶에서 물러나 관조의 기도 속으로 들어가야 한다는 식이다. 이 보물을 행동의 세계에서 일하고 창조하고 보살피려는 몸부림 속에서 발견할 수 있다고 말하는 책은 훨씬 적다.

오늘날 유행하는 영성의 이미지들은 외적 행동보다 내적 추구를, 소리보다 침묵을, 상호작용보다 고독을, 참여와 활기와 몸부림보다 향심성과 평온과 균형을 더 귀하게 여기는 것 같다. 수도원 생활로 부름받은 사람은 이런 이미지들에서 힘을 얻을 수 있다. 그러나 행동의 세계로 부름받은 사람은 동일한 이미지들 때문에 맥이 빠질 수 있다. 그것들은 활동적인 삶의 에너지와 함께 온전성에 이르도록 격려하기보다는 오히려 그런 에너지를 평가절하하기 때문이다.

나는 나와 비슷한 길을 걷는 사람들이 있다는 사실을 알기에 그런 이미지들과 현실 속에서 살아가는 나의 여정을 그들과 나누고 싶다.

영적인 여정

나는 세속 사회에 몸담은 프로테스탄트 가정에서 성장하여 세속적인 프로테스탄트 교육을 받았다. 그리고 행동의 세계에 자리 잡기 위한 준비를 갖춘 결과, 시민, 부모, 저자, 교사, 행정가, 공동체 조직자로서 활동했다. 그러던 중에 그 세계에 두려움을 느끼기 시작했다. 그 세계가 내놓는 요구사항, 나의 능력과 자존감에 대한 공격, 실패의 위험 등이 그렇게 만든 것이다. 활동적인 삶의 의미가 점차 모호해지면서 나는 영적인 여정을 시작하게 되었다. 행동의 세계에서 관조의 세계로, 활동을 요구하는 세계에서 편안한 존재의 세계로 들어가는 여정이었다. 그 여정을 밟던 중 1960년대에 청년기에 접어든 나는 "무언가를 하지 말고 거기에 그냥 서 있어라!" 등의 표어를 외치는 반(反)문화 운동에서 격려를 받았다.

물론 나는 살아남기 위해 여러 차원에서 '활동'을 계속해야 했다. 토마스 머튼의 저술에서 그런 표어들보다 훨씬 지혜로운 지침을 발견한 것은 그래서 참으로 다행이었다. 젊은 시절 머튼은 활동적인 삶의 에너지로 충만하여 갈 데까지 간 나머지, 때로는 자신과 타인에게 해를 끼치기까지 했다. 자신의 파괴성을 두려워한 그는 27세의 나이에 하나님의 인도로 트라피스트 수도원에 들어가서 영적인 훈련과 의식을 배웠다. 이후 27년 동안 수도원의 경험과 은유를 담은 글을 집필하여 현대의 종교적 상상력에 엄청난 영향을 미쳤다. 대체로 머튼과 그의 해석자들로 인해 이제 수도사의 이미지는 행동주의 시대의 중력에 저항하는 공공연한 균형추가 되기에 이르렀다.

그 이미지는 내게도 큰 영향을 미쳐서 그에 관해 생각하고 글을 썼을 뿐 아니라 그것을 행동으로 옮길 필요도 있었다. 여러 해 전 나는 노련한 수도사 두 명을 포함한 일곱 사람과 함께 새로운 형태의 수도원 공동체를 개발했는데, 독신이든 아니든 남녀 모두에게 열려 있고 에큐메니컬한 성격을 지녔으며, 세상과 담을 쌓진 않았지만 수도원 규범을 따르는 공동체였다. 그 공동체는 지금까지 존속하고 있다. 그러나 거의 3년이 흐른 후 나는 수도사가 아니라 행동주의자라는 결론과 함께 인연을 끊었다.

나에게는 안정성과 향심성과 균형성 같은 수도원의 미덕이 잘 맞지 않는다. 이런 자질이 내게도 필요하겠지만 내가 생기가 넘치고 다른 이들과 삶을 가장 많이 공유하는 순간은 그런 것과 관계가 없다. 오히려 행동의 세계가 지닌 활력과 다양성이 나를 춤추게 한다. 나는 예측가능성보다는 자발성을, 질서보다는 넘치는 활기를, 전통의 권위보다는 내적인 자유를, 규율의 지도보다는 대화의 도전을, 죽은 중심에 머물기보다는 엉뚱한 발상을 더 귀하게 여긴다.

물론 이 쌍들은 극과 극에 속한 양자택일의 문제는 아니다. 그것들은 모두 역설이고, 나는 이런 두 기둥 사이에 있는 창조적 긴장 가운데 살 필요가 있다. 그런데 솔직히 나의 행동주의 성향은 관조적 영성을 평가절하하거나 부정하는 기둥에 가까이 놓을수록 더 살아난다. 어쩌면 내가 다른 방향으로 움직이려고 하는 것은 소명감보다는 내 에너지에 대한 두려움, 그것을 억압하려는 욕망 때문이 아닐까 생각한다. 물론 나는 활동적인 삶에 항상 잠복해 있는 광란과 폭력을 피해야겠지만 하나님이 주신 힘과 재능을 더욱 포용할 필요가 있다. 나는 활동적인 삶의 정신과 진실을 헤아릴 필요가 있는 것이다.

내가 경험한 수도원 영성의 한계에 대해 생각하면 삐딱한 눈길이 아니라 감사하는 마음으로 토마스 머튼에게 되돌아가게 된다. 놀랍게도 머튼은 자기 파괴에 대한 대책으로 수도원 생활을 선택하는 지혜를 지녔을 뿐 아니라, 그의 행동가적인 에너지를 억압하는 환경에서도 그 에너지를 양성하는 마음을 품었다. 지친 행동주의자들이 수도원적인 은유—침묵, 고독, 익명성 등—안에서 발견한 매력적인 자질들이 머튼의 으뜸가는 특성은 아니었다. 만일 그랬다면 우리는 그의 삶과 사상에 대해 논하지 않을 것이다. 머튼은 행동가적인 에너지를 그대로 보존한 채 당시의 시대정신과 깊은 연관을 맺고 있었다. 그렇지 않았다면, 그는 정의와 평화를 위한 운동에 영향을 미치는 세계적인 인물이 되지 못했을 것이고, 행동의 세계에서 수많은 구도자들의 멘토가 되지도 않았을 터이다.

다양한 머튼 전기들을 읽어보면, 그가 수도원에서 행동가적 정신을 유지하려고 큰 대가를 지불했던 것이 분명해진다. 그는 당국자와 자주 싸웠을 뿐 아니라 삶의 긴장으로 인한 질병과도 오래도록 투쟁해야 했다. 나는 머튼이 관조의 삶으로 부름받았다는 것을 의심치 않는다. 하지만 어쩌면 머튼에게는 자기 발전을 위한 포장으로서 수도원주의가 필요했을지도 모른다. 즉, 어쩌면 그의 진정한 자아를 끌어내기 위해 수도원의 에토스와 그 자신의 활력 사이의 긴장이 필요했을지도 모른다. 만일 그러하다면, 우리는 활동적인 삶을 위한 영성의 실마리를 머튼이 말한 수도원 영성이 아니라 머튼의 정신과 수도원 생활방식 간의 긴장에서 찾을 수 있을 것이다.

적어도 내가 수도원주의와의 만남에서 가장 많이 배운 것은 그런 긴장을 통해서였다. 나는 수도사들과 함께 살면서 상당한 낙심과 패배감을 맛보았다. 그러나 그런 경험은 활동적인 삶의 역동성과 거기에 담긴 진리의 정신을 이해하도록 도와주었다. 나는 수도사의 길과 그 길을 건강하게 걷는 이들에게 감사하는 마음과 함께, 활동적인 삶의 여러 이슈에 대한 다른 접근들을 탐구하고 싶다.

해묵은 다툼

활동적인 삶과 관조적인 삶 사이의 다툼은 서구 세계에서 오랫동안 지속되어 왔다. 나는 역사학자가 아니고 내 의도가 학문적 분석이 아닌 개인적인 이해를 제공하는 것이긴 하지만, 이 역사를 대충 알기만 해도 활동적인 삶을 영위하는 우리의 자리를 더 잘 이해할

수 있을 것이다.[1]

고대 세계에서는 활동보다 관조에 더 높은 가치를 부여했다. 고대인에게 활동적인 삶은 물질적인 필요를 채우고 집안을 유지하는 하나의 방식에 불과했던 반면, 관조는 초월세계를 경험하는 기회, 이상(理想)이나 신과 하나가 될 수 있는 기회를 제공했다. 플라톤의 모델 인간은 모델 사회, 곧 주로 사고활동과 성찰에 전념하는 엘리트를 지지하는 사회를 다스리는 '철학자 왕'이었다. 예수는 이런 고대의 편견을 마리아와 마르다의 이야기에서 반영하고 있다. 당시 평범한 집안일에 몰두하던 마르다에 비해 성찰을 좋아하던 마리아가 "더 좋은 편을 택했다"고 말한 것이다(누가복음 10:42). 이런 편견을 바탕으로 교회와 대학교가 서구문화의 최고 기관들이 된 부분적인 이유는 대중이 생존을 위해 활동적인 삶을 영위하는 세계에서 관조의 삶을 위한 처소를 제공했기 때문이다.

그러나 탐험과 계몽의 시대가 열리고 과학의 발흥과 산업혁명과 도시화가 일어나면서 그 흐름이 바뀌어 활동적인 삶이 관조보다 더 중요하게 되었다. 그 이유는 명백하다. 과학과 테크놀로지의 도구와 함께 사람들이 단순한 생계를 훨씬 뛰어넘는 목적을 위해 활동할 수 있게 되었기 때문이다. 이제 우리는 활동의 도구를 이용하여 세계를 바꾸고, 우리의 현실을 창안하고, 역사적인 흔적을 만들 수 있다. 그 자체가 목적인 듯이 보였던 지식이 힘을 얻는 도구가 되었다. 관조가 아닌 활동이 수많은 현대인들에게 개인적인 미덕과 사회적 지위와 심지어 '구원'에 이르는 길이 되고 있다.

오늘날 우리 사회의 일각에서는 행동주의 가치관에 반발하는 운동이 벌어지고 있다. 그것이 내가 앞서 언급한 영성 르네상스인데, 정신없이 바쁜 생활에서 관조적 가치관을 찾으려는 새로운 운동이다. 어째서 이런 반작용이 일어났고 왜 그것이 불가피했는지는 쉽게 이해할 수 있다. 활동적인 삶이 20세기 서양에서 미친 듯이 날뛰었기 때문이다. 우리 문화는 행동의 능력에 지나친 자만심을 품고 눈에 보이는 것은 모조리 정복하고 지배하려는 욕망으로 충만하여, 우리 내면의 건강이 갈수록 나빠지고 있다. 이 질병을 있는 그대로 보는 이들은 관조로의 복귀가 회복에 이르는 길이라고 생각한다.

그런데 이 역사적인 다툼을 왜 계속해야 하는가? 관조와 활동은 서로 다툴 필요가 없고, 양자가 다투는 한 우리 내면에서는 싸움이 그치지 않을 것이다. 이 적대관계를 종결짓는 데는 적어도 두 가지 방법이 있다. 하나는 관조와 활동이 서로 모순관계가 아니라는 점을 아는 것인데, 양자를 묶는 위대한 역설의 기둥을 붙잡을 수 있고 또 붙잡아야 한다. 이 역설이 2장의 주제이다.

이 다툼을 끝내는 두 번째 방법은 사람마다 서로 다른 소명을 갖고 있음을 인정하는 것이다. 혹자가 활동적인 삶으로 부름을 받았다면, 마치 토마스 머튼이 행동의 세계의 도전거리를 다루는 것이 건

전하지 않은 것처럼, 수도원의 도전거리를 다루는 게 결코 바람직하지 않다. 우리는 관조와 행동이라는 역설의 두 기둥 모두에 반응하며 살려고 애써야 한다. 그러나 우리가 받은 소명을 존중해야 한다. 다른 기둥에 열려 있는 자세를 취할 때에도 우리 자신의 정체성과 온전성과 안녕을 잃지 않도록 조심할 필요가 있다.

활동적인 삶으로 부름받은 사람들에게 아주 위험한 영성이 존재한다. 예컨대 우리 삶의 모든 갈등을 내면화하기 위해 '뚜껑을 계속 닫아두려는' 기도의 유형이 있다. 그런데 거기에 담긴 에너지가 본인의 진실과 본성을 내포하고 있다면, 그 뚜껑은 터질 수밖에 없다. 그리고 우리와 하나님의 관계와 관련해서도, 하나님이 우리에게 주신 능력을 격려하고 교육하기보다 우리를 외적인 권위 아래 두려고 하는 입장이 있다. 활동적인 삶으로 부름받은 사람이 그런 지도에 순종하려고 할 때는 스스로 위축되고 뒤틀리는 결과가 초래될 수 있다.

나는 경험상 행동을 촉발하는 에너지가 어떤 피해를 줄 수 있는지도 알고 있고, 좋은 지도가 필요하다는 것도 알고 있다. 하지만 그런 피해를 슬퍼하면서도 그 에너지는 높이 평가하고 존중한다. 그 에너지에 이름을 붙이는 것은 곧 살아 계신 하나님께 이름을 붙이는 것이라고 나는 생각한다. 많은 이름을 가진 그 하나님 말이다. 우리의 영적 전통 가운데는 활동적인 삶의 에너지를 경외하기보다는 두려위하고, 근원에서 흘러나오는 생수의 물결로 보기보다는 통제해야 할 야생마로 묘사하는 갈래가 있는데, 이를 상대로 나는 싸우고 있다. 이런 영성이 낳는 위축감과 죄책감이 단기적으로는 자기 발견에 이르는 자극제가 될지도 모른다. 그러나 장기적으로 보면 그런 것은 영적인 삶에 들어설 자리가 없다. 활동적인 삶으로 부름받은 사람들은 행동의 활력을 두려워하지 않는 영성을 키울 필요가 있다.

위대한 영적 전통들이 다 함께 말하는 중심 메시지는 "두려워하지 말라"는 것이다. 오히려 인생은 선하고 믿을 만하다고 믿으라. 이에 비추어 보면, 큰 문제는 (기쁨과 더불어) 온갖 실수와 고통을 수반하는 활동적인 삶을 신나게 영위하는 것이 아니다. 오히려 두려움에 쫓겨 우리가 부름받은 자리에서 물러나 가장 귀중한 생득권(生得權)을 탕진하는 것이 문제다. 살아 있다는 경험 자체를 탕진하는 것 말이다.

조셉 캠벨은 이 생득권에 대해 불완전하나마 훌륭한 문구로 표현했다.

사람들은 우리 모두가 추구하고 있는 것이 삶의 의미라고 말한다. 하지만 나는 우리가 정말로 추구하고 있는 것은 그게 아니라고 생각한다. 우리가 추구하는 것은 살아 있음의 경험이라고 본다. 이는 순전히 물리적인 차원의 생존 경험이 우리의 내적 자아 및 실상과 공명하기 위함이

고, 실제로 살아 있음의 환희를 느끼기 위해서다. 이것이 우리가 추구하는 바이다…[2]

캠벨은 의미의 개념을 거부하기보다는 우리가 흔히 경험하는 대로 살아 있음을 몸으로 생생하게 경험하는 것을 우선시하는 것 같다. 그는 암묵적으로, 몸과 행동의 어수선한 면을 감수하지 않고 두렵다는 이유로 삶의 현장에서 물러나는 영성을 비판하고 있다. 때때로 우리가 질서정연한 의미를 찾는 것은 무질서한 삶에 대한 두려움, 캠벨이 말하는 혼란한 환희를 억압할 필요성에 기인한다. 우리가 인생의 원초적인 힘 위에 영적인 의미를 겹겹이 쌓을 때, 성육신을 매장하기 위해 신학을 비롯한 이런저런 의미 체계를 사용할 때 바로 그런 행동을 하는 셈이다.

내 입장은 이렇다. 영적 탐구의 핵심은 바로 '살아 있음의 환희'를 아는 것이고, (이 점에서 캠벨이 불완전하다고 나는 생각하는데) 그 지식이 우리를, 인생을 축하하고 옹호하고 변호하는 자로 변모시키도록 허용하는 것이라고. 살아 있음의 경험은 결코 자기를 기뻐하는 나르시시즘으로 전락하면 안 된다. 그렇게 되면 그 생명이 죽어버리기 때문이다. 살아 있음은 관계성과 공동성을 갖고 있어서 우리 자신의 실상과 필요는 물론 타인의 그것에도 반응을 보인다. 우리 중 몇몇은 이 살아 있음에 이르는 일차적인 길을 활동적인 삶이라고 한다. 우리에게 필요한 영성은 우리의 내적 자아 및 실상과 공명하는 방식으로, 하나님이 우리에게 출생 시에 주신 생명력을 구현하는 방식으로, 위대한 정의와 평화와 사랑을 도모하는 방식으로 우리가 행동하도록 지도하는 그런 영성이다.

활동적인 삶은 축복인 동시에 저주이다

활동적인 삶은 많은 형태를 취하는데, 그중에서 세 가지를 탐구하려고 한다. 그것은 일과 창조성과 돌봄이다. 이 셋은 상호배타적이지 않고 종종 서로 얽혀 있지만 각각의 주요 특징을 거론하는 것이 좋을 듯하다. 각 행위 유형과 그 각각이 다른 것들과 어떻게 다른지를 이해할 때 우리는 활동적인 삶이 제기하는 폭넓은 이슈들을 더 잘 이해할 수 있을 것이다.

일이란 것은 외적인 필요나 요구 때문에 취하는 행위이다. 우리는 생계를 유지하려고, 어떤 문제를 풀려고, 성공하거나 생존하려고 일한다. 그렇다고 해서 우리가 외적인 요인들에 의해 완전히 좌우되는 로봇에 불과하다는 뜻은 아니다. 우리는 일할지 여부는 물론, 언제 어떻게 할지도 선택할 수 있기 때문이다. 그러나 내가 여기에서 사용하는 일이란 단어는 언제나 필요성을 내포하고 있고, 이 요소는 일 특유의 딜레마들을 낳기 마련이다.

이와 달리 창조성은 외적인 요구보다 내적인 선택에 의해 촉발되는 경우가 많다. 어떤 행동이든 자유에서 난 것이 아니면 창조적이 될 수 없다. 창조적인 행동의 경우, 우리의 소원은 '해결하거나' '성공하거나' '생존하기' 위한 것이 아니고 무언가 새로운 것을 탄생시키는 일이다. 일시적으로나마 우리가 피조물의 모습보다는 창조자의 모습을 닮고 싶어 하는 순간이다. 일이란 것이 우리가 세계에 묶여 있음을 보여준다면, 창조성은 우리가 그것을 어느 정도 초월할 수 있음을 보여준다. 그리고 이 사실이 창조성의 딜레마를 유발시킨다.

돌봄 역시 우리가 자유로이 선택하는 행위이다. 그러나 돌봄은 무언가 새로운 것을 탄생시키려는 행위가 아니다. 오히려 이미 생명을 가진 어떤 것을 양육하거나 보호하거나 인도하거나 치유하거나 강화시키기 위해서 하는 행위이다. 돌봄 배후의 에너지는 타인에 대한 동정심이고, 이는 우리가 한배를 타고 있고 타인의 운명이 우리 자신의 운명에 영향을 미친다는 지식에 의해 나아가게 된다. 돌봄은 개인적인 형태를 취할 수 있다. 예컨대 우리가 슬픔에 빠진 친구를 위로하는 경우이다. 하지만 정치적·경제적 정의를 위한 운동의 형태를 띨 수도 있는데, 우리 모두를 억압하는 낯선 자들에 대해 그럴 수 있다.

이 세 용어를 정의하는 가운데 우리가 기억할 것이 두 가지 있다. 첫째, 이 세 가지 행동 형태는 따로따로 일어날 수도 있고 다 같이 일어나기도 한다. (이 책에서는 다 같이 일어나는 경우가 많다.) 일은 창조적일 수 있고, 창조성은 돌봄을 수반할 수 있으며, 돌봄은 일의 특징이 될 수 있다.

둘째, 이런 정의들이 지나치게 추상적으로 들릴지 모르지만 활동적인 삶은 곧 구체적인 삶, 일상적인 삶이라서 우리가 거의 알아채지 못한다는 점을 유념하라. 우리는 사무실, 농장, 가정에서 일한다. 우리는 정원손질에서 자녀양육과 시를 짓는 것에 이르는 모든 일에서 창조적으로 행한다. 우리는 환자와 이웃을 방문하고 평화행진을 벌임으로써 남을 보살핀다. 이런저런 방식으로 우리는 날마다 활동적인 삶에 몸담고 있다.

그런데 나를 비롯한 많은 사람이 행하는, 이런 평범한 활동들이 축복과 저주를 모두 담고 있다는 것을 나는 알고 있다. 특히 우리가 이런 평범한 일을 할 수 있는 기회나 능력을 잃을 때 그것이 축복인 것이 분명히 드러난다. 활동적인 삶은 우리 자신과 우리의 세계를 발견하고, 우리의 능력을 시험하고 확장하며, 다른 존재와 연결되고, 공동의 현실을 함께 창조하도록 해준다. 일을 훌륭하게 완수한 사람, 아름다운 어떤 것을 만든 사람, 대의명분에 시간과 에너지를 투자한 사람은 누구나 활동의 기쁨을 알고 있다. 우리 사회가 아주 많은 사람에게 그러듯이, 일할 기회나 창조할 기회나 보살필 기회를 빼앗아 보라. 이는 누군가에게서 완전한 인간이라고 느낄 기회를 박탈하는 것과 다름없다.

그런데 활동적인 삶은 저주를 달고 다니기도 한다. 우리는 일하고 창조하고 보살피다가 날마다 탈진하고 아무 보람도 느끼지 못하는 삶, 미친 듯이 돌아가는 인생을 알고 있다. 우리는 활동적인 삶이 휘두르는 폭력, 우리가 때로는 우리 자신에게 때로는 우리의 세계에 가하는 폭력을 알고 있다. 행동을 통해 우리의 정신을 우리 바깥에 투사시킨다. 때로는 어둠을 투사하여 남에게 손해를 끼치고, 때로는 남이 원치 않는 빛을 투사시키기도 한다. 행동은 우리의 속 깊은 기쁨뿐 아니라 심층적인 영적 위기를 드러내기도 한다.

이 책의 목적은 활동적인 삶을 기리면서 비판하고, 그런 삶의 기쁨과 고통, 문제점과 잠재력을 탐구하며, 우리의 활동을 촉발하고 왜곡시키는 힘을 이해하는 데 있다. 단 인간 행위의 중심에 있는 자기발견과 창조의 신비에 대한 경외감과 함께 그렇게 하고자 한다. 나는 이런 목적을 추구하면서 이론과 사례 연구보다 열심히 일하고 창조하고 돌보는 사람들을 묘사하고 있는 여러 영적 전통들에서 나온 이야기와 시에서 더 많은 통찰을 발견했다. 어떤 사람들은 분석적인 접근이 더 유익하다고 생각할지 모르지만 이 책의 성격은 그렇지 않다(이 장과 다음 장의 일부만 제외하고). 이 책은 내 마음에(그리고 바라기는 독자들의 마음에도) 와 닿은, 활동적인 삶에 대한 허구적이고 신비적인 이야기들에 뿌리를 두고 있다. 이 이야기들은 활동적인 삶을 사방에서 볼 수 있게 해주기 때문에, 우리는 복잡하고 생생하고 유기적인 방식으로, 즉 상상력을 동원하여 그것을 곰곰이 생각해 볼 수 있다.

배리 로페즈는 진리란 "금언이나 공식으로 축소될 수 없다. 그것은 발음하기 힘든, 살아 있는 그 무엇이다. 이야기는 [진리를] 패턴으로 알아볼 수 있게 해주는 환경을 조성한다"[3]라고 말하는데, 나도 완전히 공감한다. 진리가 상상이 가능한 이야기와 시의 패턴을 통해 들려질 때는 우리가 매료되어 진리의 디자인 속으로 다시 엮여질 수 있다. 이 책은 일상생활의 곤경을 다루고 있지만 '방법'을 제시하는 책은 아니며 더 나은 삶을 위한 공식이나 테크닉을 제공하지도 않는다. 그럼에도 이야기와 시가 훨씬 더 실제적인 것을 준다고 나는 믿는다. 말하자면, 우리의 삶을 조명해 주고 변혁시킬 수 있는 자기 이해를 제공한다는 뜻이다.

내가 이 책에서 사용하는 이야기들과 시들은 다양한 전통에서 나온 것들이다. 옛 중국의 도교, 초기의 성경 문화, 18세기 유럽의 하시디즘 유대교, 현대 라틴아메리카의 한 여성의 정의를 위한 투쟁 등에서 왔다. 내가 다양한 출처에서 이것들을 끌어온 것은 이야기와 시를 사용하는 이유와 똑같은 이유에서다. 즉, 진리를 사방에서 보려면 많은 각도, 다양한 경험을 담은 많은 목소리가 필요하기 때문이다. 더글라스 스티어의 명언을 빌리자면, 활동적인 삶의 풍성함을 이해하기 위해서는 '상호 방사'(mutual irradiation)의 유익이 필요하다고 할 수 있다.

내가 기독교 텍스트를 나 자신의 신학적 편견을 통해 읽는 것은 기정사실이고, 도교와 유대교 텍스트가 제공하는 각도도 내가 기독교적 안목으로 읽기 때문에 다소 무뎌지는 것 또한 엄연한 사실이다. 그리고 내가 보고 말하는 모든 것이 내가 북아메리카의 중산층 백인 남성이란 사실을 조건으로 한다는 것도 알고 있다. 그래도 이 이야기들과 시들은 내가 무슨 말을 하든지 간에 스스로 말할 힘이 있고, 내가 미처 깨닫지 못한 진리를 말하고 있다는 것을 당신이 듣게 될 것이다.

이야기와 진리는 복잡할지 모르나 이 책의 구조는 단순하다. 활동적인 삶의 영성과 관련된 핵심적인 이슈들을 차례로 다루고 있다.

다음 2장에서는 활동적인 삶의 본질을 조사하되 그 역설적인 동반자인 관조적인 삶에 특별히 주목하면서 양자가 하나라는 점을 보여줄 것이다.

3장에서는 이 책에 나오는 여섯 가지 이야기와 시들 가운데 첫 번째 것을 탐구한다. 이는 "활동적인 삶"이라는 도교의 시다. 행동의 어두운 면(우리는 이렇게 자동적으로 반응하는 경향이 있다)과 그로 인한 손해를 보려면 비판적인 안목이 필요하다.

4장에서는 도교에 나오는 "나무조각가"의 이야기를 들려준다. 이는 일하고 창조하고 돌보는 한 인물에 관한 이야기로서, 어둠에 직면하여 그것을 통과한 끝에 우리에게 '올바른 행동' 모델을 제공한다.

이 모델을 염두에 두면서 나는 5장에서 하시디즘 유대교 이야기에 주목한다. 이는 한 천사가 세상의 고통을 덜어주려다가 실패해서 오히려 더 많은 고통을 안겨주게 되는 이야기이다. 이 흔한 경험이 '올바른 행동'과 어떤 관계가 있는지를 탐구하게 될 것이다.

6장에서는 예수께서 광야에서의 시험을 거쳐서 활동적인 삶으로 들어가는 성경 이야기를 다룬다. 이것은 5장에 나오는 천사의 실패와 고통으로 이어지는 것과 똑같은 시험이지만 예수님은 전혀 다른 방식으로 대처한다.

7장에서는 떡 몇 개와 물고기 몇 마리로 5천 명을 먹이는 또 다른 예수 이야기를 탐구한다. 여기서 우리는 예수께서 활동적인 삶의 유혹과 씨름한 결과를 보게 된다. 그분은 결핍이 아니라 풍요의 가정 위에서 행동할 만한 능력이 있고, 그분의 행동은 풍요를 현실화시킨다.

8장에서는 결핍과 풍요의 문제를 궁극적인 형식으로 제기하는 현대 과테말라 행동주의자인 줄리아 에스퀴벨의 시를 소개한다. 우리의 활동적인 삶은 죽음을 향하는가, 아니면 새 생명을 향하는가? 그녀의 도전, 그녀의 증언은 활동적인 삶의 핵심에까지 이른다.

행동과 관조:
살아 있는 역설

2장

—

통합을 향한 발걸음

우리의 생명력은 서로 분리될 수 없는 두 가지 기본 방식으로 표출된다. 바로 행동(action)과 관조(contemplation)이다. 우리는 이 둘을 상반되는 양식으로 생각할지 모르지만 동일한 출처를 갖고 있고 똑같은 목표를 추구한다. 둘 다 생명의 선물을 기뻐하는 것이다. 양자 간의 다툼을 끝내고 상호 연관성을 이해하려면 일반 논리를 버리고 물리학자 닐스 보어의 통찰을 수용해야 한다. "참된 진술의 반대는 그릇된 진술이지만 심오한 진리의 반대는 또 다른 심오한 진리일 수 있다."[1]

그래서 관조와 행동을 따로따로 언급하기보다는 '관조와 행동'(contemplation-and-action)으로 붙여서 말하는 편이 나을 것 같다. 하나가 없으면 다른 하나가 존재할 수 없다는 점을 분명히 하기 위해서다. 우리가 이 역설을 붙잡지 못할 때, 양자 간의 창조적 긴장을 포기할 때는 양편이 따로따로 미친 듯이 날아가고 만다. 이것이 양자택일을 요구하는 우리 문화에서 '관조와 행동'에 자주 일어나는 현상이다. 행동은 미친 듯이 날뛰는 바람에, 혹자의 의지를 세상에 강요하려는 난폭한 모습이나 곤란을 무릅쓰고 살아남으려는 발버둥으로 표출된다. 관조는 도피주의, 곧 세상으로부터 헛된 축복의 영역으로 도피하는 모습으로 나타난다.

우리는 우리 삶의 이런 역설적인 부분들의 관계를 이해하려고 노력할 때 세 단계의 움직임을 보이곤 한다. 흔히 분리에서 교체를 거쳐 통합에 도달한다. 분리가 출발점이다. 우리가 관조적인 삶과 활동적인 삶 사이에 선택을 하지 않을 수 없다고 느끼는 단계이다. 우리 문화는 관조보다 행동에 더 가치를 두기 때문에 우리는 종종 행동의 삶을 선택하는 것으로 시작하는데, 이는 제정신이 아닌 지경에 도달하여 우리의 영혼을 탈진시키고 파편화할 소지가 있다.

우리가 완전히 탈진하여 고갈된 나머지 속력을 유지할 수 없게 되면 교체의 단계로 진입하는데, 이를 삶에 대한 휴가 접근법이라고 부를 수 있다. 활동으로 탈진한 상태에서 자신을 추스르기 위해 약간의 휴가를 갖고, 다시 활동에 돌입했다가 다시금 탈진하고, 새 힘을 얻으려고 또 다른 휴가를 보낸 뒤에 다시 소진되는 식으로 순환이 계속된다.

교체가 분리보다는 낫지만, 두 단계 모두 관조와 행동이 서로 배타적인 생활방식이라는 잘못된 생각을 반영하고 있다. 분리에서 교체로 움직이면 치명적인 탈진은 면할 수 있으나, 역설의 두 기둥이 두 가지 생활방식 모두를 건강하게 하는 방식으로 상호작용을 하도록 허용하지는 않는다. 우리의 활동적인 삶은 맹렬하고 황폐해져서 관조에 따른 변화를 경험하지 못한다. 또한 관조적인 삶은 도피적인 상태로 남아서 활동에 따른 변화를 경험하지 못한다.

많은 사람은 교체의 단계에 오랫동안 머물러 있지만, 일부는 때때로 세 번째 단계인 통합으로 나아간다. 이것은 역설에 진입하는 돌파구이며, 그것이 일어나는 과정을 우리가 잘 이해할수록 거기에 진입할 확률이 높아질 것이다. 일부 사람은 지혜롭기 때문에 그렇게 할 수 있다. 그러나 가장 자주 돌파가 일어나는 경우는 활동에 지나치게 몰입한 나머지 그 어떤 휴가도 소용이 없을 때일 것이다. 사람들이 완전히 탈진한 나머지 삶을 관리하거나 통제하려는 노력을 모조리 포기하지 않을 수 없게 된 상황이다. 이제는 에고와 의지력을 뛰어넘어 살지 않을 수 없게 되었으므로 자기를 지탱하는 역설의 힘에 몸을 맡기게 되는 것이다.

통합의 단계에 들어서면 '관조와 행동'이 너무도 얽혀 있어서 우리가 어느 하나와 연관시키는 특징들이 언제나 다른 편의 중심에서 발견된다는 것을 배우게 된다. 마치 중국에서 말하는 양(陽)의 상징이 음(陰)의 어두운 지점을 품어주고, 음의 상징이 양의 밝은 지점을 품어주는 것과 같다. 행동은 단지 여기에서 저기로 움직이는 문제에 그치지 않고 관조적인 사건이기도 하다. 즉, 우리가 내적인 진리를 발견하는 길이기도 하다는 말이다. 관조는 우리가 세상적인 염려 때문에 탐닉하는 일종의 즐거움을 넘어서서 전략적 행동보다 세상에 더 큰 영향을 줄 수 있는 의식 변화의 한 방식이 된다. '관조와 행동'은 근본적으로 통합되어 있고, 그 뿌리는 충만한 삶을 살고 싶은 우리의 끊임없는 열망 속에 있다.

충만한 삶을 산다는 것은 곧 행동하는 것이다. 행동의 능력이 산 자와 죽은 자를 갈라놓는 차이점이다. 그러나 행동은 움직임 이상의 것이다. 그것은 우리 자신과 우리의 세계를 표현하고 발견하고 재구성하는 것을 포함하는 움직임이다. 행동이란 우리가 다른 존재와 성령과 더불어 현실을 공동 창조하는 것을 일컫는다고 나는 생각한다. 행동을 통해 우리는 우리가 누구인지, 우리가 가진 혹은 원하는 세계가 어떤 것인지를 표현하고 또 배우게 된다. 성례처럼 행동은 보이지 않는 영의 보이는 형태이고 내면의 힘이 겉으로 나타난 것이다. 그런데 우리는 행동을 통해 우리 속에 있는 것을 표현할 뿐만 아니라 세계에 모양새를 부여하기도 한다. 또한 우리는 우리 바깥에 있는 것을 받기도 하고, 우리 내면의 자아를 다시 빚어내기도 한다. 우리가 행동할 때 세계는 반응을 보이고, 우리와 세계는 함께 창조

된다.

충만한 삶을 산다는 것은 곧 관조하는 것이다. 여기서 관조한다는 것은 가부좌를 틀고 앉거나 주문을 외우는 것과 같은 특정한 테크닉 훈련을 말하지 않는다. 관조의 테크닉에 몰입하는 것은 성령의 겸손함보다 테크놀로지의 자만을 반영하는 것처럼 보인다. 관조란 우리가 실상으로 변장한 환상의 베일을 벗기고, 가면 뒤에 있는 실상을 드러내는 것을 일컫는다고 나는 생각한다. 충만한 삶을 위협하는 최대의 장애물 중 하나는 우리로 사물을 있는 그대로 보지 못하게 하는 우리의 에고와 문화의 교묘한 속임수이다. 관조는 우리가 우리를 속이는 마술사를 붙잡고 그 속임수 배후의 진실을 얼핏 목격할 때마다 일어난다. 그것이 기분 좋은 진실이든 난감한 진실이든, 그 진실은 언제나 우리의 생명을 소생시킬 것이다.

이렇게 정의를 내리고 보면 '관조와 행동'은 따로따로 분리된 것이 아니라 서로의 일부라는 것을 쉽게 알 수 있다. 우리가 환상을 꿰뚫고 실상과 가까워지는 방식으로 행동할 때마다 그 행동은 관조의 성격을 띠게 된다. 예를 들어, 1950년대 중반 자기 피부를 화학물질로 까맣게 만들어 남부에서 흑인 행세를 했던 백인 남자 존 하워드 그리핀이 생각난다.[2] 그 위험천만한 행동으로 그는 미국에 있던 평등의 환상을 꿰뚫고 인종차별의 실상을 만졌던 것이다. 우리가 기도를 통해 하는 것보다 더 생생하게 그 실상을 만졌다고 할 수 있다.

이와 마찬가지로, 관조는 행동의 한 형태, 곧 표현과 발견과 재창조의 움직임이 될 수 있다. 예를 들면, 1950년대 대부분을 켄터키 농촌의 한 수도원에 앉아 기도하며 보냈던 수도사 머튼이 생각난다. 50년대 말 그는 장차 미국인의 삶을 결딴낼 거대한 인종 갈등에 관한 글을 쓰기 시작했는데, 이 예언에 대해 도시에서 활동하던 유명한 행동주의자는 아주 교만한 목소리라고 공격했다. "어째서 이 도피적인 수도사가 도시에서 정의를 위해 고생하는 우리에게 우리의 운동이 실패할 것이라고 감히 말할 수 있는가?" 여러 해가 지난 뒤에 그 비판가는 수도사의 관조적인 눈이 행동주의자의 눈보다 더 깊이 인종차별을 통찰했다고 인정하며 머튼에게 공개적으로 사과했다.[3] 머튼은 시위나 공식 정치에 참여한 적이 한 번도 없었지만 그의 관조는 20세기의 역사에 큰 영향을 미쳤던 것이다.

물론 우리 중에 존 하워드 그리핀과 같이 극적인 행동을 했거나 토마스 머튼처럼 깊은 관조의 경험을 한 사람은 드물다. 하지만 이 점이 중요한 것이 아니다. 제대로 이해하면 관조와 행동은 일상생활의 표준적인 특징들이다. 우리의 관조적 행동은 자녀를 양육하는 일, 나무로 물건을 만드는 일, 우편물을 배달하는 일, 회사를 운영하는 일, 컴퓨터를 작동하는 일, 자원하여 굶주린 자를 먹이는 일, 책을 쓰는 일 등 다양한 형태를 띨 수 있다. 우리의 활동적인 관조는 창밖을 응시하는 것, 책을 읽는 것, 심사숙고하는 것, 어떤 상실을 슬퍼하는 것 등을 포함한다. 우리가 무슨 행동을 하든지 간에 그것은 우리의 영혼과 우리의 세계를 표현하고 또 빚어낼 수 있다. 우리가 무엇을 관조하든지 간에 그것은 베일 뒤의 실상을 볼 수 있도록 우리를 도울 수 있다. 관조와 행동은 소수의 대가들만을 위한 고도의 기술이 아니다. 이 둘은 인간 생활의 기본요소이고 우리의 인간됨을 구성하는 뒤섞인 실과 같다.

우리가 천을 분해해서 조사할 경우에는 우리가 결코 짜낼 수 없을 아름다움을 파괴할 위험이 있다. 이 책은 주로 이야기와 시를 통해 '관조와 행동'의 천을 펼쳐보일 터이므로 이번 장에서는 이 두 줄을 따로 살펴볼 필요가 있겠다. 이 두 단어를 둘러싼 오해가 아주 많고, 양자의 실천을 막는 장애물 또한 매우 많기 때문에, 여기서는 각각 살펴보는 일이 중요하다. 나는 태피스트리를 풀어주는 사람이 아니라 베틀에 앉아 천을 짤 준비를 하는 사람으로 접근하고 싶다.

행동의 본질

만일 당신이 실업자라면, 충분한 돈도 못 벌고 인정도 못 받는 일을 억지로 해야 한다면, 만일 장래가 불투명한 젊은이라면, 혹은 달갑잖게 은퇴한 사람이라면, 당신이 접하는 가장 고통스러운 질문은

"당신은 무슨 일을 하십니까?"일 것이다. 만일 당신이 미처 준비를 하지 못했다면, 당신의 상황을 성찰하지 않아서 디딜 곳을 찾지 못했다면, 그 단순한 질문은 당신의 발밑에 위험한 구렁을 열어서 맹렬한 변호를 유도할 수도 있다. 왜 그럴까?

이런 설명이 가능하다. 우리는 대부분 재정 파산을 막기 위해 일자리가 필요하므로, 우리가 무슨 일을 하는지 말할 수 없을 때는 불안정한 재정의 구렁텅이가 우리 밑에서 입을 벌린다고. 사회의 변두리로 밀려나고 싶은 사람은 거의 없고, 그 중심을 향해 움직이려면 고소득이나 영예를 가져오는 일이 필요하다고. 그런데 이 설명은 미처 답변되지 않은 의문을 남긴다. 왜 권력과 명성을 자랑하던 지위에서 은퇴한 사람들, 더 이상 입증할 것이 없는 일부 사람들이 그 '활동적인 시절'이 끝난 뒤에도 여전히 허전함을 느끼고, 그들의 업적을 되풀이하면서 자신을 정당화할 필요가 있는가? 이를 거꾸로 돌리면, 왜 사회 중심부에 들어갈 기회를 얻지 못했던 소외된 일부 사람들이 부유하고 연줄이 좋은 이들보다 더 멋지게 살고 있는가?

우리가 "당신은 무슨 일을 하십니까?"라는 질문에 대답할 수 없을 때 느끼는 원초적인 두려움은 무위(無爲)가 곧 죽음의 표시라는 무의식적 직관에서 나오는 것이 아닐까? 우리가 '행동하지' 않고 있을 때는 어쩔 수 없이 우리가 죽을 운명임을 생각하게 된다. 무위를 통해 일종의 죽음을 경험하는 것이다. 반면에 우리가 행동할 때는 세상과 우리 자신을 향해 우리가 여기에 있고, 살아 있고, 변화를 일으키고 있다고 말할 수 있다. 행동함으로써 우리는 우리 뒤에 무언가를 남겨놓을 수 있다고, 일종의 불멸의 흔적을 남길 수 있다고 생각한다. 자녀를 양육하거나 기관을 만들거나 책을 집필하는 활동을 통해 우리의 유한한 삶이 어떻게든 죽음의 장벽에 도전할 수 있다는 희망을 전달한다.

이 지점에서 우리는 종종 전통적인 지혜의 목소리를 듣는다. 활동을 통해 죽음을 기만하려는 시도에 담긴 에고와 자만과 어리석음을 경계하라는 목소리. 우리에게 죽음을 수용하라고, 우리 인생의 유한성을 받아들이라고 말하면서, 그렇지 않으면 사상누각을 짓게 될 것이라고 경고한다. 우리가 불멸성에 도달하려고 아무리 안간힘을 써도 죽음이 모든 업적을 휩쓸어 버릴 것이다.

이 목소리에는 지혜가 담겨 있지만 위험성도 존재한다. 우리 자신과 세계의 발전을 더디게 하는 수동적 자세의 위험, 우리가 죽기도 전에 죽어갈 수 있는 위험이 있다. 딜런 토마스는 "그 좋은 밤 속으로 순순히 들어가지 말라"라는 말로 바람직한 자세를 표현했다. 우리는 불멸을 성취할 수 있듯이 자신을 기만하지 않으면서도 우리의 선물을 남에게 주는 식으로 우리 자신을 자유롭게 또 대담하게 표현하는 행동을 할 필요가 있다. 각 사람은 기분을 만족시키기 위해서가 아니라 창조된 목적에 따라 남을 섬기기 위해 자기표현에 도달할 권리를 갖고 있다. 아니, 어쩌면 의무를 갖고 있을지도 모른다. 행동, 심지어 죽음에 도전하는 행동조차도 그 권리를 주장하는 한 가지 방식이다. 어리석게도 사람들이 화려한 꿈을 이루기 위해 활동하는 모습을 보면 내 마음이 슬프다. 그런데 더 슬픈 것은 힘 있게 활동할 기회를 포기하거나 갖지 못하는 사람들을 보는 경우이다. 우리가 활동적인 삶을 통해 나름의 진리를 선언하고 발견할 때 찾아오는 자아의식이 결여된 사람들 말이다.

많은 인간 행동은 자만의 문제를 안고 있는데, 이는 우리가 우리의 고집을 자녀나 동료나 프로젝트에 강요하려 할 때 표면에 떠오른다. 때때로 우리의 행동이 우쭐한 에고에 의해 촉발될 뿐만 아니라 행동이 에고를 더 우쭐하게 만들 수도 있다. 그런데 건강한 에고를 개발하는 일이 개인과 집단의 건강에 꼭 필요하다. 행동—심지어는 이기주의에 채색된 행동조차—이 그런 개발의 중요한 근원이기도 하다.

자만한 행동은 종종 타락을 낳는다. 그러나 우리가 행동에서 물러남으로 그런 타락을 피하려고 한다면 그것은 실수를 범하는 것이다. 우리가 부침(浮沈)의 순환에 시달릴 때 그것이 인간 여정의 위대한 엔진의 하나, 곧 인간 정신의 위대한 멘토의 하나임을 알게 된다. 한 초기 신학자가 아담과 하와의 '타락'이 순수하고 단순한 죄였다는 관념에 대해 비난한 것은 참으로 지당했다고 나는 생각한다. 그

대신 그것을 행복한 죄(felix culpa)라고 불렀다. 그것이 없었더라면 우리는 여전히 무죄를 꿈꾸는 지루한 삶을 살고 있을 테고 인간 역사의 위대한 모험이 결코 감행되지 않을 것이기 때문이다.[5]

타락은 우리에게 의심과 애매모호함과 소외의 '선물들'을 안겨주었다. 이런 것들은 우리가 처음 경험할 때는 선물로 느껴지지 않는다. 이것들이 선물임을 알고 싶으면 우리가 그로 인한 몸부림 속으로 들어가야 한다. 일단 들어가면 우리가 자신만만하고 안전할 때는 감춰져 있던 자아를 발견할 기회를 얻게 된다. 바로 인간의 모험 속으로 우리를 끌어들이는 구도적인 자아이다. 그리고 이 자아야말로 우리가 가진 최대의 선물 중 하나이다.

이 모든 것을 한마디로 말하자면, 행동은 위험을 수반한다는 것이다. 우리가 행동에서 물러나는 것은 종종 겸손이 아니라 위험에 대한 두려움 때문이다. 사실 우리는 행동할 때 수많은 위험을 감수한다. 추락하는 것, 목표 달성에 실패하는 것, 무능하게 보이는 것, 비판이나 경쟁이나 저항이나 분노를 초래하든가 그냥 무시당하는 것 등. 그러나 무엇보다도, 우리 자신─강하면서도 약한, 그리고 알려지기도 하고 알려지지 않기도 한─을 세상과 우리 자신의 날카로운 눈에 노출시킬 위험이 있다.

행동에 따르는 가장 큰 위험은 자기 노출이다. 이는 가장 큰 기쁨이기도 하다. 우리 자신까지 포함하여 아무도 우리를 완전히 알 수 없다. 그러나 우리가 행동을 할 때는 우리 내면의 미스터리가 종종 나타나서 충격을 주거나 기쁨을 선사할 수 있다. 오늘날과 같은 기계의 시대에는 워드 프로세서의 기능과 같이 인간의 행동을, 마음(mind)에 담은 교훈들이 안전하고 예측 가능하게 발현되는 것으로 생각하기 쉽다. 그러나 실제 행동은 단순히 마음의 개념이나 계획이 밖으로 표출되는 것이 아니다. 실제 행동은 정신과 영혼의 일부일 뿐 아니라 마음의 일부이기도 하다.

시인 시어도어 로스케가 말하듯이, 내가 행동할 때 "나는 내가 가야 할 곳을 가면서 배운다."[6] 혹은 좀 더 대중적인 표현을 빌리자면, "내가 생각하는 바를 나 자신이 그것을 말할 때까지 내가 어떻게 알겠는가?" 나는 현재 이 글을 쓰면서 그런 경험을 하고 있다. 지금 쓰고 있는 각 문장은 내가 글쓰기 행위로 내면에서 끌어올릴 때까지는 내 속에 그것이 있었는지를 알지 못했던 아이디어와 이미지의 발현이다. 그리고 이 행위는 위험을 수반한다.

행동은 그 나름의 생명을 갖고 있다. 물론 우리가 생각하는 것과 관련이 있지만 뜻밖의 모습으로 나타날 때도 종종 있다. 행동은 우리의 계획과 무관한 경로를 밟아서 의외의 결과를 낳을 수 있다. 예를 들어, 우리의 행동은 때때로 우리 속에 있는 거짓을 드러낸다. 즉, 내가 글을 쓸 때 내 글이 이따금 나를 심판하기도 한다. 혹은 우리의 행동이 우리 속에 있는 진실을 드러낼 수도 있다. 남들은 비난하지만 우리 내면의 지침이 그런 전통적인 질서에 도전하는 경우이다. 그리고 우리가 한 사람이나 어떤 대의에 큰 관심을 표명할 때와 같이, 때로는 우리의 행동이 예상을 뛰어넘어 우리의 삶의 경로를 바꿀 수도 있다. 문제는 우리가 이런 위험 앞에서도 기꺼이 행동할 의향이 있는가, 우리의 행동이 드러낼 새로운 진실로부터 배우고 성장할 의향이 있는가 하는 것이다.

우리의 위험을 감수할 능력과 배움과 성장에 대한 헌신은 서로 밀접한 관계가 있다. 모험은 성공하지 못할 수도 있고, 위험이 크면 클수록 성공 확률이 더 낮아진다. 그런데 왜 우리가 그런 위험을 감수하려 할까? 많은 이유가 있지만, 가장 창조적인 이유는 이런 것이다. 위험감수를 통해 우리는 우리 자신과 우리의 세계에 관해 더 많이 배울 수 있고, 위험이 크면 클수록 배움도 그만큼 더 커지기 때문이다. 만일 우리가 배움을 귀하게 생각하지 않는다면 위험을 감수하지 않을 터이고, 우리의 행동은 성공이 보장되는 예측 가능한 자그마한 영역에 국한되고 말 것이다.

우리가 위험을 감수하고 그로부터 배우고자 하는 역량은 대체로 우리가 행동을 도구로 생각하느냐, 표현으로 생각하느냐에 달려 있다. 서구 문화를 지배하는 도구적인 이미지는 행동을 예정한 목표를 달성하는 수단으로, 우리의 의도를 실현하는 도구로 묘사한다. 그런 행동에 대한 유일한 평가는 그것이 과연 그 목표를 달성했는지 여부이다. 도구적인 행위는 성공과 실패 논리의 지배를 받는다. 따라서 그 논리는 배움보다 성공을 중시하기 때문에 우리가 그로부터 배우든지 말든지 실패를 싫어하기 때문에 위험 감수를 만류하는 것이다.

도구적인 행위는 언제나 이기길 원하지만, 이기든 지든, 우리의 배움을 저지한다. 만일 우리가 이기면 우리가 그것을 통달해서 더 이상 배울 것이 없다고 생각한다. 만일 우리가 지면 패배감에 푹 빠져서 배움은 무의미한 위안이라고 느낀다. 도구적인 행위는 우리를 칭찬이나 비난, 공로나 수치의 시스템에 가둬놓는다. 이는 목표와 외적인 평가를 우선시하고, 자기를 아는 지식의 선물을 평가절하하고, 성장을 도모할 위험 감수의 역량을 위축시키는 시스템이다.

현대인의 활동 가운데 가장 '성공적'인 것으로 간주되는 과학이 성공과 실패를 일차적인 규범으로 여기지 않는 것은 참으로 놀라운 사실이다. 순수 과학자는 실패한 실험을 실패로 여기지 않고 진리를 알아가는 중요한 단계로 여긴다. 그런 '실패'는 테스트할 가설의 범위를 좁혀주어 긍정적인 발견에 기여하기도 한다. 우리의 가장 강력한 도구로 간주되는 과학이 탁월한 업적을 성취한 이유는 부분적이나마 스스로 도구주의의 굴레에서 해방되었기 때문이다.

물론 과학 지식이 테크놀로지에 의해 가장 도구적인 행위에 자주 이용되는 것은 사실이다. 그런 행위, 즉 수단을 목표와 연결시키는 행위는 언제나 우리 삶의 일부일 터이고, 언제나 유한한 자원과 무한한 욕구가 존재하는 세상에서 중요한 역할을 담당할 것이다. 우리가 몸을 입고 사는 한, 도구적인 행위는 항상 필요할 것이다.

그러나 도구주의 표준이 지배할 때는 우리의 행동이 빈약해지고 우리의 삶도 위축된다. 우리가 표현의 일환으로 행동할 때에만 충만한 삶과 진정한 힘을 향해 움직일 수 있다. 표현적인 행위는 내 밖에 있는 어떤 목표를 달성하기 위해서가 아니라 내 속에 있는 신념과 깨달음과 진실을 표현하기 위해 취하는 것이다. 표현적인 행위는, 만일 내가 취하지 않는다면 나 자신의 통찰과 재능과 본성을 부정하는 것이기 때문에 취하는 것이다. 이처럼 결과에 연연하지 않는 표현적인 행동을 취함으로써 나는 사물의 체계에 나 나름대로 기여하게 되기 쉽다.

순수 과학의 활동은 진리를 알고 싶은 과학자의 심정을 나타내는 표현적인 행동이다. 역설적인 사실은 과학이 증명하듯이, 표현적인 행동이 도구적인 행동, 즉 진정한 목표를 겨냥하지만 행위자의 본심에 뿌리박지 않은 그런 행동보다 목표를 달성할 확률이 높다는 것이다. 어떤 행동이 행위자의 본성에 충실할 때는 그 분야에서 진정한 결과를 낳을 가능성이 더 크다. 그렇다고 해서 표현적인 행위의 결과가 언제나 훌륭하거나 '좋을' 것이라는 뜻은 아니다. 결과가 어떻든 간에 그것이 더 큰 진리로 수렴될 것이라는 뜻이다. 그런 결과는 사물의 당위적인 모습에 대한 우리의 잘못된 이미지에 의해 억지로

형성된 일시적인 환상이 아닐 것이다.

이제 우리는 관조와 관조적인 삶의 중심에 있는 어려운 통찰을 다룰 때가 되었다. 환상이 우리의 선(善) 관념에 아무리 가깝고 진실이 아무리 멀다 할지라도, 진실은 언제나 환상보다 나은 것이다.

관조의 본질

우리가 행동의 본질에 대해 생각하면 어쩔 수 없이 "실상은 무엇인가?"라는 질문을 던지게 된다. 모든 행동은 실상에 대한 어떤 평가로부터 나오기 마련이다. 그 평가가 아무리 잘못되었더라도 그렇다. 어떤 행동이든 실상과 일치하지 않을 때는 지속적인 영향을 미칠 수 없다. 궁극적으로 행동이라는 것은, 우리가 그 결과를 주목한다면, 실상이 무엇인지를 드러낼 것이다. 이런 결과들이 행동과 관조를 잇는 중요한 고리이다. 모든 형태의 관조의 기능은 환상을 뚫고 실상을 만질 수 있도록 우리를 돕는 것이기 때문이다.

우리가 관조를 어려워하는 이유는 지나치게 많은 것을 환상에 투자했기 때문이다. 때로는 우리가 생존의 한 방식으로 환상과 결혼한 듯이 보인다. 나 자신만 생각해 봐도 내가 하루를 살기 위해 배양한 환상들을 보고 깜짝 놀랄 정도다. 나의 동기, 나의 능력, 나의 욕망

등에 관한 환상들 말이다. 나의 환상이 나 자신과 타인에게 끼친 고통과 지금 이 순간에도 내가 실상인 듯이 믿고 있고 이름조차 모르는 환상들을 생각하면 소름이 돋을 지경이다.

내가 눈을 사회로 돌리면, 나 자신의 것만큼 두꺼운 환상들을 보게 된다. 몇 가지 예를 들면, 폭력이 문제를 해결한다는 환상, 부유한 자와 가난한 자 모두 운명에 따라 그렇게 되었다는 환상, 부자를 지키기 위해 전쟁에서 죽은 젊은이들은 희생자가 아니라 영웅이라는 환상, 마약이야말로 절망을 극복하는 길이라는 환상 등이다.

이런 예들은 사회적 기능을 갖고 있다. 그 환상들은 우리를 제자리에 두기 때문이다. 만일 내 자녀가 저 먼 곳에서 벌어지는 재물을 위한 전쟁에서 죽임을 당했다면, 정부는 메달을 수여할 터이고, 나는 미치지 않기 위해 그것을 진열할 것이다. 만일 내 삶이 인종차별과 불의로 인해 모욕을 당하면, 경제는 코카인을 투여해서 내 분노를 누그러뜨리고 나는 아무것도 느끼지 못할 수 있다. 환상에서 가장 큰 혜택을 보는 자들은 '우리 시대에 평화를' 그리고 '마약에 대한 전쟁을' 선포하는 등 더 많은 환상을 만들어 내는데, 이는 가해자와 피해자 모두에게 매우 효과가 있어서 그것을 실상으로 잘못 인식하게 한다.

그렇기 때문에 관조적인 순간, 곧 환상이 벗겨지고 실상이 드러나는 순간을 포착하기가 그토록 어려운 것이다. 이런 순간을 저지하는 방대한 음모가 도사리고 있다. 그럼에도 희망이 있는 것은, 우리가 그런 순간을 찾거나 그것을 맞을 준비를 갖추고 있거나 그 순간이 도달할 때 할 일을 알고 있는지 여부와 상관없이, 우리 모두가 그런 순간을 갖고 있기 때문이다. 나는 의도적인 관조의 훈련과 관련해 별로 도움을 받지 못했기 때문에 여기서 내놓을 만한 영적 테크닉이 없다. 그런데 나의 무능력에도 불구하고 우연한 관조의 순간들을 맛보았기 때문에 여기서는 그런 경험을 탐구하고 싶다. 우리가 그런 경험에 주의를 기울이면 그것은 우리 중 일부에게 좋은 관조의 훈련이 될 수 있다.

내가 지금 생각하고 있는 순간은 삶의 토대가 휩쓸려 가는 듯이 보이는 순간이므로, 그것을 관조라든가 희망의 순간으로 경험하기가 어려울지 모른다. 특히 우리가 관조를 열반으로의 도피로 묘사하는, 또 다른 흔한 환상 아래서 노력한다면 더욱 그러하다. 그러나 우리가 관조에 대한 고정관념을 버린다면 인생이—우리가 관조가가 되고 싶든 않든—우리 모두를 관조가로 만들어 준다는 것을 알기 시작한다. 유일한 문제는 우리가 그런 기회의 순간에 진정한 이름을 붙이고 그것을 내 것으로 삼을 수 있느냐 하는 것이다.

예컨대 우리가 흔히 환멸(disillusionment)이라고 부르는 경험이 있다. 믿었던 친구가 우리를 실망시킬 때, 신뢰했던 기관이 우리의 기대를 저버릴 때, 우리가 믿었던 비전이 거짓으로 판명되었을 때, 혹은—최악의 경우는—우리 자신이 우리가 생각한 수준에 못 미치는 인물임을 발견했을 때 그런 경험을 한다. 우리는 그런 경험을 열심히 피하려고 하지만 그것을 겪게 되면 일종의 죽는 과정을 거치게 된다. 그러나 우리가 이런 순간에 붙이는 이름은 우리의 고통을 통해 무언가 긍정적인 일이 일어나고 있다고 일러준다. 우리는 "환멸을 느끼고 있다"(being dis-illusioned)라고 말한다. 말하자면, 우리는 삶에 대한, 타인에 대한, 우리 자신에 대한 어떤 환상을 벗겨내고 있다는 뜻이다. 길 위의 장애물과 같은 우리의 환상이 제거되면서 우리는 진실에 가까워지는 길을 가는 기회를 얻게 된다. 우리는 그런 친구에게 동정을 베풀고 어깨를 제공하는 대신에 축하하고 기뻐하며 그 길로 더 나아갈 수 있도록 우리가 어떻게 도울 수 있느냐고 물어야 마땅하다.

고통이야말로 관조가 일어나고 있다는 확실한 징표이다. 관조는 결국에는 축복으로 인도하지만, 처음에는 우리가 소중히 여기는 어떤 신념들이 얄팍하고 부적절하고 잘못되었다는 것을 깨닫는 고통을 우리에게 안겨준다. 관조는 먼저 우리에게서 친숙한 위안거리를 빼앗아 간다. 이어서 그것을 내면의 공허함으로 대치하고, 이 속에서 생소하고 혼란스런 새 진리가 나타날 수 있다. 환상에서 실상에 이르는 관조의 여정은 마침내 평화에 도달하겠지만 보통은 무서운 장소들을 거치기 마련이다.

환멸이 관조의 자연적인 형태 가운데 하나라면, 전위(轉位, dislocation)의 경험은 또 다른 형태이다. 이 경험은 우리가 환경에 의해 통상적인 관점과는 전혀 다른 관점을 갖게 될 때 일어나고, 우리의 시각이 갑자기 바뀌면서 낯설고 두려운 풍경이 눈에 들어온다. 예를 들면, 40년 동안 아주 건강하게 살았던 사람이 어느 날 의사에게서 말기 암에 걸렸다는 말을 듣는다. 30년 동안 같은 직장에 다녔던 여성이 하룻밤 사이에 회사의 소유권이 넘어가게 되어 58세에 실업자 신세가 된다. 한 사람이 알코올에 찌들어 살다가 마침내 달라지거나 죽거나 하는 양자택일의 기로에 서게 된다.

전위의 가치는 환멸의 경우와 같이 우리로 환상을 넘어 실상을 사방에서 볼 수 있게 해주는 점에 있다. 우리가 볼 수 있는 것은 우리가 어디에 서 있는지에 완전히 달려 있기 때문이다. 들판의 한복판에 서 있으면 지구가 편평하다고 상상하기가 쉽다. 달 위에 서서 지구를 돌아보면 지구의 진정한 모습을 더 분명히 볼 수 있다.

물론 전위를 통해 오는 관조는 우리를 외롭게 할 가능성이 있다. 다른 이들은 종종 우리의 관점에 동조하지 않고 때로는 우리의 새로운 진실을 위협거리로 보기 때문이다. 이런 이야기를 들은 적이 있다. 중세의 한 아일랜드 수도사가 죽어서 관습에 따라 수도원 우물에 장사되었다. 그런데 어느 날 수도사들이 우물 속에서 나는 소리를 듣고 돌을 옮겼더니 그 형제가 살아 있는 것을 발견했다. 그는 그들에게 자기가 그 여정에서 배운 것을 말하기 시작했는데, 모든 내용이 교회의 가르침과 정반대되는 것이었다. 그래서 형제들은 다시 그를 우물에 집어넣고 영구히 뚜껑을 봉했다고 한다.

이 이야기는 우리를 우발적인 관조로 인도하는 또 다른 길을 암시하는데, 바로 '자발적인 고독'(unbidden solitude)의 길이다. 어떤 이들은 고독을 선택하는 것이 전위나 환멸을 선택하는 것만큼 어렵다고 한다. 이유인즉 고독은 우리를 우리의 편한 환상들을 강화시켜 주는 집단생활에서 떼어놓기 때문이다. 그러나 인생을 살다보면, 집단이 우리를 마구 배제시키는 순간, 집단이 다루고 싶어 하지 않는 무언가를 우리가 말하거나 느끼거나 행하는 순간, 어쩔 수 없이 집단의 지지 없이 우리의 길을 찾아야 하는 순간이 오기 마련이다. 이런 순간이 올 때 우리는 다시금 환상을 꿰뚫고 실상을 만질 수 있는 기회를 얻게 된다.

고독은 환멸과 전위와 마찬가지로 처음에는 고통스러운 조건이다. 그런데 환멸과 전위와 달리 고독은 갈수록 사람들이 익숙해하는 것이다. 이유가 있다. 환멸과 전위는 우리가 환상을 넘어 진실 안에 살려면 반드시 거쳐야 할 일시적인 조건이다. 그러나 비자발적인 고독은 우리 인생의 영구적인 진실이다. 우리는 홀로 태어나서 홀로 죽고, 탄생과 죽음 사이의 기간에 고독과 함께 창조적으로 사는 법을 배울 기회를 갖게 되기 때문이다. 환멸과 전위의 열매는 우리의 고독 속으로 들어가 그것을 즐기는 역량이며, 이는 우리를 '진정한 존재'가 되도록 돕는 인생 여정이 선사하는 고통스런 은총이라고 할 수 있다.

고독은 신체적인 고립만을 뜻하지 않는다. 몸은 홀로 있으나 계속 군중 속에 있으면서 집단의 가치관에 좌우되기가 쉽다. 그리고 몸은 군중 속에 있으나 고독 안에 거하는 것이 가능하다. 고독 안에 있다는 것은 내 마음과 내 정체성과 내 모습을 소유하고 있다는 뜻이다. 그것은 내 삶과 내 취지가 다른 사람들이나 비인격적인 문화에 휘둘리는 것을 거부한다는 뜻이다. 고독 안에 있다는 것은 나의 타고난 권리를 있는 그대로 주장하며, 내 주변의 생명을 존중하되 내 생명을 천시하지 않는 것을 뜻한다. 머튼의 말을 풀어서 쓰자면, 고독자는 자기의 마음을 소유하기 때문에 그것을 내어줄 수 있는 사람이다. 반면에 우리가 집단적 환상의 음모에 꼼짝없이 빠지게 되면 우리의 마음을 결코 소유할 수 없는 법이다.

그런즉 고독은 공동체와 정반대되는 것이 아니다. 시인 릴케는 언젠가 사랑이란 두 명의 고독자가 "서로 보호하고 부대끼고 환영하는" 능력이라고 정의했다. 이런 사랑은 고독과 공동체의 역설적 관계를 이해하는 열쇠에 해당한다.[7] 건강한 공동체는 각 개인의 고독과 정체성을 그대로 두는 공동체다. 만일 그 구성원들이 그들 자신의 고독을 존중하지 않는다면 계속 남의 고독을 침해하게 될 것이기 때문이다. 우리가 공동체에 가져가는 것은 우리 자신밖에 없으므로 고독 속에서 우리 자신의 진정한 자아를 회복하는 관조의 과정은 결코 이기적이지 않다. 궁극적으로 그것은 우리가 남에게 줄 수 있는 최고의 선물이다.

감춰진 온전성

우리가 '관조와 행동'의 역설을 이해하려면 토마스 머튼이 '감춰진 온전성'(hidden wholeness)이라고 부른 것, 곧 우리 삶의 깨어진 표면 아래에 있는 것에 주의를 기울어야 한다.[8] 우리가 감춰진 온전성을 알기까지는 이원론의 세계에 살게 될 것이다. 그 세계는 존재와 행위 사이에 어느 하나를 선택해서 결국 미친 듯이 활동하거나 도피적인 관조에 빠질 수밖에 없는 곳이다.

감춰진 온전성을 향하는 움직임을 쉽게 묘사할 수 없는 것은 각 사람에 따라 다르고 언제나 신비로 남아 있기 때문이다. 하지만 나는 적어도 그 움직임의 일반적인 방향은 말할 수 있다. 이 방향은 '추락'을 우려하여 위쪽으로 움직이는 서구적 영성과는 반대로 아래쪽으로 움직인다. 애니 딜라드는 하향성과 그 목적지인 감춰진 온전성에 대해 말한 적이 있는데, 그 진술은 '관조와 행동'의 탐구에 필요한 통찰들로 가득 차 있다.

심층부에는 심리학이 우리에게 경고한 폭력과 공포가 있다. 그러나 당신이 이 괴물들을 올라타고 더 깊이 내려가면, 당신이 그들과 함께 세계의 가장자리 너머 더 깊이 떨어지면, 당신은 우리의 과학이 이름을 붙일 수 없는 하층, 대양, 혹은 기반, 혹은 나머지 것들을 뜨게 하는 창공을 발견하는데, 이는 선(善)에 선의 능력을 부여하고 악에 악의 능력을 부여하는 통합된 장(場)이다. 여기에서 다 함께 영위하는 우리의 삶을 위해, 그리고 서로를 위해 베푸는 복잡하고 불가해한 돌봄이다. 이것은 그냥 주어진 것이지 학습된 것이 아니다.[9]

머튼과 마찬가지로 딜라드는 다양성 뒤에 온전성이, 삶의 다양한 세력들 뒤에 온전성이 있다는 것을 안다. 이 온전성은 추상을 향한 상향적 움직임이 아니라 심층부로 떨어지는 하향적 움직임 속에서 발견하게 된다고 한다. 이런 영적 탐구의 이미지는 오늘과 같이 온전성을 지하가 아니라 대기권에서 찾는 문화에서는 무척 도발적이다. 그럼에도 나는 문화가 잘못되었고 딜라드가 옳다고 믿는다. 우리가 '관조와 행동'의 근거가 되는 감춰진 온전성을 찾고자 한다면, 우리의 삶에서 벗어나 위로 올라가면 안 되고 아래로 내려가 우리의 삶 속으로 기꺼이 들어가야만 한다.

딜라드는 또한 우리 삶의 감춰진 하층은 일반적인 선의 기준을 따르지 않는다고 주장하는 점에서 전통적인 견해와 다르다. 그것은 "선에 선의 능력을 부여하지만" 동시에 "악에 악의 능력을 부여한다." 이런 주장은 오늘날의 문화, 곧 선과 악을 완전히 분리시켜 놓고 서로 정반대되는 충동으로 묘사하는 문화에서는 도발적일뿐더러 무섭기까지 하다.

다시금 딜라드가 문화보다 더 지혜롭다고 나는 생각한다. 우리가 충만한 삶의 심층부로 깊이 내려가면 다른 모든 것에 권세를 부여하는 생명의 근원에 가까워지는데, 그 권세 속에는 은혜뿐 아니라 위험도 있고 치유뿐 아니라 상처도 있으며 생명뿐 아니라 죽음도 있다. 딜라드의 말은 다음과 같은 이사야의 말과 다름이 없다. "나는 빛도 짓고 어둠도 창조하며, 나는 평안도 짓고 환난도 창조하나니, 나는 여호와라. 이 모든 일을 행하는 자니라"(이사야 45:7). 우리가 생명을 주는 성령을 만날 때는 죽음을 포함한 모든 권세를 만나게 되며, 우리가 원하는 것만을 선택할 수는 없다.

만일 딜라드가 옳다면, 우리에게 선택의 권한만 있다면, 충만한 삶의 실마리는 우리가 피하게 될 바로 그 재난의 세력 속에 있다는 것이다. 딜라드는 또한 우리가 아래로 내려갈 때 만나게 될 '괴물들'에 관해 얘기하면서 "그들을 올라타고 더 깊이 내려가라"라고 촉구한다. 다시 한 번 그녀는 우리가 괴물을 만나면 생명을 잃지 않도록 도망가라고 경고하는 전통적인 지혜를 탈피한다. 그와 반대로, 이 괴물들이야말로 우리 삶의 심층부로 인도하는 유일하게 믿을 만한 안내자라고 말한다. 우리가 위험에도 불구하고 그들을 타고 내려갈 때에만 우리 자신과 우리 세계의 원초적 근원을 찾을 수 있을 것이다.

그렇게 하려면 물론 급진적인 관점 변화가 필요하다. 우리는 우리 속에서 만나는 괴물들을 처부술 적으로 보는 상식적인 시각을 버려야 한다. 그 대신 그들은, 비록 조심하고 존중해야겠지만, 품어야 할 동반자요 따라야 할 안내자가 될 수 있다는 희망을 우리가 키워야 한다. 우리의 괴물들만이 온전성과 온전성이 있는 내면의 장소로 내려가는 길을 알고 있기 때문이다. 오직 이 밤의 피조물들만이 빛이 없는 곳을 여행하는 법을 알기 때문이다.

이런 관점의 변화는 급진적이긴 해도 나름의 상식을 갖고 있다. 우리 자신의 비(非)괴물적인 부분들, 우리가 천사 같다고 생각하는 부분들은 우리를 타인과 분리시키는 것이다. 그 부분들은 구별 짓는 것이지 통일시키는 것이 아니다. 그것들은 우리를 차별성 있는 존재로 만들기 때문에 우리에게 자만심을 안겨준다. 달리 말하면, 우리를 인류의 공동 운명과 하나가 되게 하지 않는다는 뜻이다. 우리의 성공과 자랑거리는 공동체의 재료가 아니고 우리의 죄와 실패가 그런 재료이다. 이런 어려운 영역들에서 우리는 인간의 조건을 대면하고 인생의 한계를 공유하는 모든 존재에 대해 연민을 느끼는 법을 배운다. 감춰진 온전성이 있는 곳으로 내려가는 길을 아는 것은 우리 속의 천사들이 아니라 타락한 천사들이다.

예컨대 내가 만일 내 삶을 '실패의 두려움'이라고 불리는 타락한 천사에 의해 망가지도록 허용한다면, 나는 결코 충만한 삶을 살지 못할 것이다. 나는 실패할지도 모르는 행동에서 물러서거나 그런 일이 생기면 실패의 증거를 무시하려고 할 것이다. 그러나 내가 그런 두려움을 올라타고 끝까지 내려간다면, 나는 자초한 고립에서 벗어나 다른 많은 인생들과 연결이 될 것이다. 실패와 실패의 두려움은 보편적이기 때문이다. 나는 실패는 자연스런 것이고 다음에 할 일을 분별하는 길이란 것을 배울 터이다. 나는 더 많은 위험을 감수할 힘을 얻게 되고, 이는 더 풍성한 삶을 포용한다는 뜻이며, 그 과정에서 다른 이들과 더 많은 연결고리를 갖게 될 것이다. 실패의 두려움(혹은 흔히 쉽게 적으로 여기게 되는 조롱이나 비판이나 어리석음 등에 대한 두려움)이라 불리는 괴물은 우리에게 부담스럽긴 해도 남들과 연결시켜 주는 유능한 안내자가 될 것이다.

그런데 우리가 괴물들을 타고 끝까지 내려가는 것은 물론이고 왜 그런 괴물 근처에 가야 하는지 모르겠다고 의문을 제기할 수 있다. 어쨌든 그들은 괴물이라서 창조성의 능력뿐 아니라 파괴의 능력도 품고 있지 않은가? 괴물을 올라타는 것이 안전지대에 도달하는 유일한 길이라 할지라도 우리가 거기에 이를 것이라는 보증은 없다. 사람들은 여행이 끝나기도 전에 나가 떨어져서 나쁜 장소에 좌초되고 말았다. 그런데 왜 애초에 괴물을 올라타는 위험을 감수해야 하는가?

답변을 대신하여 내가 겪은 경험이 자그마한 비유가 될지 모르겠다. 몇 년 전에 아웃워드 바운드라 불리는 야외 도전 프로그램에서 일어난 일이다. 나는 괴물들이 득실거리는 40대 초반에 그 코스를 밟았는데, 그 중간에 내가 아웃워드 바운드에 관해 처음 들었던 때부터 가장 두려워했던 것을 대면하라는 요청을 받았다. 나는 내 몸을 두른 벨트에 묶인 얇은 줄에 매달린 채 33미터 높이의 절벽 꼭대기에 끌어올려져서, 하나님의 허공에 기대어 11층 정도 아래에 있는 땅으로 절벽을 정면으로 쳐다보며 걸어서 내려오라는 요청을 받은 것이다.

나는 그 절벽을 아주 잘 기억하고 있다. 먼저 1.5미터를 낙하하면 자그마한 턱이 있고, 3미터를 더 낙하하면 다른 턱이 있고, 세 번째 턱을 지나면 마지막은 온통 끝까지 떨어지는 절벽이었다. 나는 첫 번째 낙하를 잘하려고 순간적으로 내 발을 앞으로 뻗어 첫 번째 턱에 무겁게 낙하했다. "아직 숙달되지 못했군요." 교관의 지적이었다. "절벽에 지나치게 가까이 기대고 있소. 훨씬 더 뒤로 기대어 당신의 발이 절벽을 붙잡을 수 있게 하시오."

이 충고는 어떤 영적 전통들의 충고와 같이 내 본능에 거슬렸다. 아니, 우리는 허공에 기댈 게 아니라 절벽을 끌어안아야 하지 않는 가! 하지만 두 번째 낙하 시에는 뒤로 기대려고 애썼다. 처음보다는 나았지만 아직 충분하지 않았다. 그래서 두 번째 턱에도 쾅하고 부딪혔다. "아직도 섭렵하지 못했군요." 계속 주시하고 있던 교관의 말이었다. "다시 해보시오."

다음번이 마지막이어서 그의 권고가 달갑게 들리지 않았다. 그런데 실제로 해보았더니 놀랍게도 내 몸이 절벽을 타고 천천히 내려가는 것을 발견했다. 자신감이 조금씩 생기면서 한 단계씩 내려가다가 절반쯤 지났을 때 갑자기 절벽에 난 큰 구멍을 향하고 있다는 것을 알아채고는—어떻게 해야 좋을지 몰라서—그만 얼어붙고 말았다. 교관은 내 몸이 풀리도록 한동안 기다려 준 뒤에 살아 있다는 표시가 없자 "파커 씨, 무슨 문제가 있나요?" 하고 소리쳤다. 오늘까지 나는 어디서 그런 유치한 목소리가 나왔는지 모르지만 내 대답은 공식 기록에 남아 있다. "얘기하고 싶지 않아요."

교관은 "그렇다면 지금이 아웃워드 바운드의 모토를 배울 시간이오"라고 외쳤다. 기가 막힌다고 생각했다. 나는 막 죽을 지경인데 그녀는 틀에 박힌 어구를 내뱉고 있었다. 이어서 그녀가 한 말은 내 평생 잊을 수 없는 한마디였다. 정확히 정곡을 찔러서 나로 하여금 아무런 사고 없이 나머지 절벽을 내려오도록 힘을 실어준 말. "거기서 나올 수 없거든 그 속으로 들어가시오." 뼛속 깊이 나는 그 상황 속으로 더 깊이 들어가는 것 말고는 거기서 빠져나올 수 있는 길이 없다는 것을 알았고, 이 지식과 함께 내 발은 움직이기 시작했다.

그렇기 때문에 우리는 때때로 괴물들을 올라타고 끝까지 내려와야 하는 것이다. 어떤 괴물들은 순순히 떠나지 않을 것이다. 그들은 매우 커서 둘러갈 수 없고, 아주 강해서 이길 수 없으며, 뛰어나게 영리해서 한 수 앞설 수 없다. 그들을 다루는 유일한 방법은 그들을 향해, 그들과 함께, 그들 속으로, 그들을 가로질러 움직이는 것이다. 우리는 적을 빼닮은 이 원시적인 권세들과 친해지는 법을 배워야 한다. 그 과정에서 우리는 그들이 우리를 대항하지 않고 우리를 위해 일한다는 것과 죽음이 아니라 생명을 위해 일한다는 것을 알게 되리라.

우리가 '관조와 행동'이 가득한 삶을 살 때는 괴물들이 언제나 고개를 들 것이고, 우리는 심층부를 탐색하지 않을 수 없을 것이다. 바로 그 괴물들이 우리를 그 심층부로 데려갈 수 있음을 아는 것은 좋다. 그리고 그 심층부에서 우리를 연합시키고 북돋워 주는 감춰진 온전성, 우리의 삶을 충만하게 만들어 주는 그 근원과 힘을 찾을 수 있음을 아는 것은 더 좋다.

"활동적인 삶":
어두운 면

3장

아이러니한 비판

이번 장을 필두로 이 책의 나머지 부분은 이야기와 시를 통해 활동적인 삶을 탐구하려고 한다. 그래서 픽션과 신화로부터 배우는 일에 대해 몇 마디를 하고 싶다.

어떤 독자들은 사실적인 행동의 세계에 대한 통찰이 어떻게 허구적인 텍스트를 통해 올 수 있는지 의심할지 모르겠다. 어쩌면 나에게 큰 도전을 주었던 엘리 위젤의 말이 그들에게도 동일한 도전을 주지 않을까 싶다. "어떤 사건들은 실제로 발생하지만 진실이 아닌 데 비해, 또 어떤 사건들은 발생한 적이 없는데도 진실이다."[1] 내가 이 책에서 탐구하는 이야기들이 때로는 사실성과 논리를 무시하지만 그것은 어디까지나 진리를 위한 것이다. 진리는 복잡한 관계상의 네트워크인 만큼 우리는 복잡한 이야기와 시의 패턴을 통해 그 속으로 끌려들어 간다. 우리는 단순한 사실이 넘볼 수 없는 식으로 진실한 신비적인 이야기를 탐구함으로써 우리의 활동적인 삶을 비판하고 기뻐하는 수단이 되는 여러 이미지와 은유를 얻을 수 있다.

더 나아가 우리는 새로운 친구들도 얻는다. 나는 수년 동안 이런 이야기들과 함께 살아왔는데, 그로부터 내가 받은 선물은 이미지와 통찰 이상의 것이었다. 그 이야기들은 나에게 실제 사람보다 더 생생한 동반자들, 내가 도움이 필요한 순간에 불러낼 수 있는 안내자들을 선사했다. 나는 독자들도 이 책을 읽는 동안에 새로운 아이디어뿐 아니라 새로운 친구관계를 맺게 되기를 바라는 마음이다. 이 이야기들에 나오는 인물들은 그들에 대한 우리의 추상적인 생각이 뇌리에서 사라진 지 한참 뒤에도 생생하게 현존하여 우리를 자극하고 인도할 수 있다.

마르틴 부버의 다음과 같은 말은 내가 이야기의 힘에 대해 말하고 싶은 것을 모두 표현해 준다.

이야기는 그 자체가 도움이 되는 방식으로 들려주어야 한다. 우리 할아버지는 절름발이였다. 언젠가 사람들이 그분에게 선생님에 관한 이야기를 해달라고 부탁했다. 그러자 그분은 자기 선생님이 기도를 하는 동안 어떻게 깡충 뛰면서 춤을 추었었는지를 얘기했다. 우리 할아버지는 일어나서 이야기를 했고, 그 이야기에 완전히 정신을 빼앗긴 나머지 선생님이 했던 것을 보여주려고 본인이 깡충 뛰면서 춤을 추기 시작했다. 그때부터 그분의 불구가 치료되었다. 이야기는 이렇게 들려줘야 한다.[2]

이번 장과 다음 장에서 나는 주전 4세기의 중국 도교 선생이었던 장자의 산문시 두 편을 묵상할 생각이다. 이 번역문은 토마스 머튼이(중국학자인 우징숑嗚經熊 박사의 도움을 받아) 번역한 것이고, 그 텍스트는 원어에 충실하다고들 말하지만 20세기 인물인 머튼의 감수성을 통해 여과된 것이기도 하다.

머튼은 평생 50권이 넘는 책을 썼는데, 생애 말기에 자기 저술을 평가해 보면서 「장자의 길」(The Way of Chuang Tzu)을 좋아하는 책으로 꼽았다.[3] 장자는 인간의 약점을 보는 예리한 눈과 훌륭한 유머 감각을 겸비한 장난기 많은 매력적인 성격이라, 사과 손수레를 뒤집는 것을 좋아하되 인간에 대한 투명한 사랑으로 그렇게 하는 인물이었기 때문이다. 이런 모습이 머튼에게 잘 들어맞기 때문에 그는 자연스럽게 이 도가의 현인에게 끌린 것이었다.

그러나 머튼이 장자에게 친화감을 느낀 데는 더 깊은 이유가 있다고 나는 생각한다. 그리스도인인 머튼은 생소한 도교 전통에서 기독교와 경쟁하지 않고 때로는 후자를 완성시켜 주는 그런 통찰을 발견했던 것이다. 아마도 머튼은 기독교 신학의 일부 상징들과 형식들이 매우 낡았다고 생각했고, 예수의 비유들이 최초의 청중들에게 주었던 참신한 느낌을 장자에게서 발견했을 것이다. 예수와 장자가 베푼 가르침과 같은 부류는 참신함이 그 진수이다. 말하자면, 그런 가르침은 당신의 허를 찌를 때 효과가 있고, 일단 그 이미지들을 예측할 수 있게 되면 가르침의 효력을 잃고 만다. 전혀 다른 두 문화 출신의 전혀 다른 두 인물인 장자와 예수가 결국 비슷한 방식으로 진리를 가르치게 되었다는 것은 이 세상의 다양성 뒤에 감춰진 온전성이 있다는 또 다른 증거이기도 하다.

이제 장자가 활동적인 삶에 대해 무슨 말을 하는지 들어보자.

"활동적인 삶"

전문가에게 그를 괴롭히는 문제가 없다면, 그는 불행할 것이다!
철학자의 가르침이 공격을 받지 않는다면, 그녀는 심히 한탄할 것이다!
비평가들이 심술을 부릴 대상을 찾지 못한다면, 그들은 불행할 것이다.
이런 사람들은 다 대상의 세계에 갇힌 죄수들이다.

추종자를 원하는 사람은 정치권력을 추구한다.
명성을 원하는 사람은 관직을 차지한다.
강한 남자는 들어 올릴 것을 찾는다.
용감한 여자는 용기를 보여주려고 비상사태를 찾는다.

검객은 칼을 휘두를 수 있는 싸움을 원한다.

전성기가 지난 사람들은 심오한 모습을 보일 품위 있는 퇴직을

좋아한다.

법에 노련한 사람들은 법의 적용을 확장시키려고 어려운

사례를 찾는다.

전례인도자와 음악가는 자기 재능을 발휘할 수 있는 축제를 좋아한다.

인정 많고 성실한 사람은 늘 미덕을 보여줄 기회를 찾는다.

잡초가 없다면 정원사들은 어디에 있을까?

바보들이 북적대는 시장이 없다면 장사는 어떻게 될까?

다 함께 몰려들 떠들썩할 핑곗거리가 없다면 군중은 어디에 있을까?

남아도는 물건을 만들지 않는다면 노동은 어떻게 될까?

생산하라! 결실을 맺어라! 돈을 벌라! 친구를 만들라!

변화를 일으키라!

그렇지 않으면 그대는 절망에 빠져 죽을 것이다!

권력기구에 사로잡힌 이들은 행동과 변동이 아니면 기쁨을 얻지
못한다. 그것이 기계를 돌리는 소리이기 때문에! 행동할 기회가 생
길 때마다 그들은 행동하지 않을 수 없다. 그들도 어쩔 수 없기 때문

에. 그들은 그들이 속해 있는 기계처럼 움직이게 된다. 대상의 세계에 갇힌 죄수들은 그런 요구에 순응하는 것 말고는 선택의 여지가 없다! 이들은 외부의 힘, 유행, 시장, 사건, 여론 등의 압력을 받아 짜부라지고 만다. 그래서 평생 단 한 번도 제정신을 회복하지 못한다! 활동적인 삶이라! 얼마나 가련한 인생인가!"

당신은 장자를 우리가 영위해야 할 활동적인 삶을 비웃는 냉소주의자로 치부하고 싶을지 모르겠다. 그러나 그러기 전에 아이러니가 그의 가르침의 주된 도구임을 알아야 한다. 그가 우리의 활동을 풍자적으로 그리는 목적은 우리가 흔히 간과하는 특징을 주목하게 하기 위해서다. 그의 스케치가 아주 공정하지는 않지만 앞가리개를 벗어젖히고 우리의 행동, 그 동기와 결과를 살펴보도록 한다. 장자의 다른 시들(내가 다음 장에 사용할 것을 포함하여)이 분명히 보여주듯이, 그는 특정한 형태의 활동적인 삶은 꼭 필요하고 참된 것으로 여긴다. 하지만 여기에서는 우리 사이에 너무도 흔한 그런 활동적인 삶을 조롱하고 있으므로 우리 자신을 받아들이는 법을 배우려면 그의 비판을 이해할 필요가 있다.

이 시는 주전 4세기에 쓰였는데도 그것이 언급하는 내용과 분위기는 놀랄 만큼 현대적이다. 그것은 부분적으로 번역가인 머튼이 현대의 남녀에게 와 닿게 하려고 노력한 결과임에 틀림없다. 그러나 내가 살펴본 다른 번역문들도 이와 똑같은 현대적인 어조를 갖고 있는 것으로 보아 이런 의미심장한 결론을 내려야겠다. 행동의 문제는 우리가 생각하듯이 현대의 문제가 아니라는 것. 우리는 미친 듯이 돌아가는 우리의 행동방식을 도시화, 테크놀로지, 대중사회, 급격한 사회변동과 같은 20세기의 질병 탓으로 돌린다. 이는 문제의 원인을 우리 바깥에서 찾고 그 해결책도 거기서 찾는 접근이다. 그러나 장자가 2천여 년 전에 행동의 병리에 반기를 들었다면, 사회 환경의 근본적인 변화가 우리에게 맑은 정신을 선사할 것이라고 믿을 만한 이유가 없다. 우리가 오랜 세월 행동의 문제를 안고 있었던 것으로 볼 때 그 해결책도 우리에게 달려 있을 가능성이 많다.

행동, 반작용, 그리고 전문직

장자가 이 시를 통해 활동적인 삶을 비판하는 내용은 무척 단순하다. 우리의 활동 중 많은 부분은 사실상 반작용(reaction)이라는 것. 그런 '행위'는 자유롭고 독립적인 마음에서 흘러나오지 않고 외부의 자극에 달려 있다고 한다. 그것은 우리가 누구이고 무엇을 하고 싶은지에 대한 우리의 의식에서 나오지 않고, 남이 우리를 어떻게 규정짓고 세상이 무엇을 요구하는지에 대한 우리의 초조한 해석에서 나오는 것이다. 우리가 이런 식으로 반응하면 우리는 인간답게 행하지 않는 셈이다. 즉, 우리는 기계 속의 톱니바퀴가 되어 서로 맞물린 톱니바퀴 시스템의 다른 곳에서 일어나는 일에 따라 움직이는 존재에 불과하다. "이런 사람들은 다 대상의 세계에 갇힌 죄수들이다."

이것은 즐거운 그림은 아니지만 진실을 담고 있다. 아주 많은 사람이 마음에서 우러나오지 않는 일을 하는 데 많은 시간을 보내고 있는 실정이다. 누가 우리에게 "왜 당신은 그 일을 하는가?" 하고 물으면 우리는 어떻게 대답할지를 모를 것이다. 어쩌다가 '이것'을 해야 할 상황이 생겨서 우리가 그것을 하게 되었다는 식이다. 우리가 그 일을 하는 것은 일자리를 붙잡기 위해, 생계를 유지하기 위해, 타인의 기대를 충족시키기 위해, 시간을 때우기 위해, 다른 할 일을 모른다는 사실을 회피하기 위해서다. 단, 그 활동이 우리의 내면에서 나오기 때문은 아니다. 우리의 활동이 우리 영혼 바깥의 어떤 요인에 좌우된다는 것은 우리가 능동적인 삶이 아닌 반작용의 삶을 살고 있음을 뜻한다.

역사, 일상의 경험, 저녁 뉴스에는 정치에서 개인사에 이르기까지 냉혹한 반작용의 논리를 보여주는 실례들이 즐비하다. 한 나라가 다른 나라를 화나게 하고, 가혹한 이데올로기의 수사를 서로 주고받다가 마침내 무력 공격을 교환하기에 이른다. 기름진 상층토가 장기적인 손실에도 불구하고 단기적인 경제의 '수요'에 따른 끊임없는 경작과 재배로 인해 고갈되고 만다. 한 운전자가 길에서 다른 운전사의 화를 돋우어 서로 거친 말을 교환하다가 결국 한쪽에서 총을 꺼내어 다른 쪽을 살해해 버린다. 복지 담당 직원이 절박한 상황에 처한 어떤 어머니의 사례가 자기네 지침에서 약간 벗어난다고 해서 간단히 처리하고 만다.

이와 같은 경우에 행위자는 자기의 자유를 행사하거나 보호하기 위해 그런 행동을 했다고 주장하지만, 그가 자동적으로 반응한 것을 보면 실은 행동의 자유를 잃었음을 알 수 있다. 만일 그들이 반작용이 아니라 능동적인 행위를 한다면 그들 상황의 결정론적 논리를 초월할 수 있을 것이다. 그들은 반사작용을 피하고 진정한 행동의 자유를 자기 것으로 삼을 수 있으리라.

그런데 장자는 우리의 행동이 반작용일 경우가 아주 많다는 주장에서 한 걸음 더 나아간다. 이보다 더 심각한 비판은 우리 중 다수가 우리가 좋아하는 반작용을 유발할 그런 상황을 일부러 찾고 있다는 것이다. "강한 남자는 들어 올릴 것을 찾는다. 용감한 여자는 용기를 보여주려고 비상사태를 찾는다." 여기에다 이렇게 덧붙일 수 있을 것이다. 무기를 가진 국가나 사람은 그것을 이용할 기회를 찾고, 농지를 소유한 회사는 그것을 경작할 기회를 찾으며, 수중에 규정을 지닌 사무관은 배제할 사람을 찾고 있다고. 장자는 이처럼 특정한 반응을 유발하는 상황에 완전히 의존해 있는 행위자를 중독자로 묘사한다. 그것이 아무리 고상한 힘과 용기일지라도 그런 것을 과시하려고 하는 것은 비열한 짓이다. 우리의 그런 행동은 힘과 용기가 우리의 진정한 본성이 아니라 공공연한 자세에 불과한 것임을 드러낼 뿐이다.

장자의 시에 나오는 사람들은 자립적인 정체성이 없다. 그들은 오로지 행동의 세계에 속한 환경과 관계에 의해서만 규정될 뿐이다. 그들은 자아를 특정한 행동들과 동일시하고, 그들의 생명력은 그런 역할을 수행할 수 있는 장소에 처하는 데 의존한다. 그들의 능력이 불필요한 곳에 놓일 경우에는 그들이 비(非)존재의 가장자리에 놓이는 것과 다름없다.

이와 같은 역할 수행은 우리 사이에 널리 퍼져 있지만, 장자가 특히 염두에 두고 있는 계층은 소위 전문가 부류이다. 기술자, 철학자, 비평가, 정치인, 변호사, 전례인도자, 기업의 임원 등과 같은 부류. 그의 시대에 전문가주의의 병리를 진단하는 일이 중요했다면 우리 시대는 그보다 더 중요하다. 오늘날에는 손해를 입히는 전문가들이 당시보다 더 많을 뿐 아니라 그들의 병리는 몇 배나 늘어 온 사회가 그들의 기술에 매우 의존되어 있는 까닭이다.

전문가들은 스스로를 뛰어난 능력, 높은 기준, 섬김의 윤리, 개인적 희생 등을 갖춘 존재로 규정짓는다. 그러나 장자는 "활동적인 삶"에서 전문적인 활동의 어두운 면을 살펴보는 만큼 아마도 이와 다른 정의를 내릴 것이다. 전문가란 남들이 필요하다고 생각하여 비싼 값으로 살 만한 보기 드문 능력을 개발하기 위해 긴 시간과 많은 돈을 투자한 사람이라고. 이는 물론 부분적인 정의에 불과하지만 전문가들이 장자가 말하는 "대상의 세계"에 잡혀 있다는 사실을 잘 가리키고 있다. 말하자면, 전문가와 사회를 난센스의 악순환에 자주 빠트리는 서로 맞물린 환상들의 세계에 갇힌다는 뜻이다.

전문가가 되려면 쉽게 악순환을 가동시킬 수 있는 시간과 돈의 투자가 필요하다. 우리 사회는 교육을 더 많이 받을수록 선택의 여지가 더 많다는 신화를 갖고 있다. 물론 더 많은 교육은 더 풍요로운 삶을 낳아 소비자 선택의 여지가 더 많은 것은 사실이지만, 더 많은 교육으로 인해 인생의 방향과 관련된 선택의 범위는 더 좁아질 소지가 있다. 일단 당신이 의학 학위를 받으려고 10년의 세월과 상당한 돈을 투자했다면, 당신이 정말 하고 싶은 일이 벌목임을 발견했다고 해도 어떻게 벌목공의 길을 선택할 수 있겠는가? 만일 우리가 전문가 수련을 시작하기 전에 완전한 자기 발견을 해서 마음의 소원에 따라 훈련을 받는다면, 모든 일이 순조로울 것이다. 그런데 우리에게는 그런 통찰이 없다. 우리의 마음이 말하는 데는 보통 수년이 걸리고, 마음이 말할 때라도 우리는 장자가 말하는 그런 시스템 때문에 귀머거리가 되어 듣지 못할 때가 많다.

귀머거리가 되는 과정은 우리가 훈련을 받기 전에 시작되었을 가능성이 높다. 우리 중 일부는 어린 시절부터 우리를 둘러싼 기대감 때문에 전문가 수련의 길에 들어섰다. 부모, 친구들, 하부문화의 압력이 우리가 스스로 결정을 내릴 나이가 되기도 전에 우리의 결정을 좌우했을 것이다. 그래서 한참 지난 뒤에야 우리는 우리 자신의 꿈이 아니라 타인의 꿈에 따라 살고 있다는 것을 깨닫게 된다. "대상의 세계에 갇힌 죄수"가 되는 일은 '출세하라'는 부모의 그럴듯한 격려에 힘입어 어린 나이에 시작될 수 있다. 바로 그런 격려를 통해 부모는 자녀를 자기 인생의 연장으로 취급하고 자기가 못다 이룬 꿈을 실현하는 도구인 양 하나의 대상으로 만들기도 한다. 우리가 우리를 만든 존재를 기쁘게 하는 대상으로서 그런 식으로 인생을 시작하면, 우리는 대상의 세계에 갇힌 채 스스로 대상을 만드는 자가 되기 쉽다.

사실 자격을 다 갖춘 전문가는 대상의 세계를 연장시켜 다른 사람들까지 대상으로 만들 수 있는 힘이 있고 때로는 그럴 만한 필연성을 만든다. 존 맥나이트가 아주 설득력 있게 주장했듯이, 전문가들은 자기네만 해결할 수 있는 문제를 지닌 고객들을 창조함으로써 그들 스스로를 선전한다.[5] 장자의 표현방식을 빌리자면, 만일 고객이 사라진다면 전문가들은 어떻게 되겠는가?

전문가들이 문제를 지닌 사람들을 '창조한다'는 개념이 우습게 들린다면, 내 고향에서 최근에 일어난 실례를 들어보겠다. 개인회사가 50명을 수용할 수 있는 정신병원을 짓고 치료사와 정신과 간호사 등 정신건강과 관련된 일꾼들을 갖추기로 결정했다. 일부 사람은 무척 좋아했다. 그 프로젝트는 상근 직원들뿐 아니라 신축 사업, 세금, 건설 노동자 고용 등을 수반하기 때문이었다. 그러나 어떤 이들은 염려를 표명했다. 이런 새로운 시설이 필요하다는 증거가 없고, 정신과 치료가 필요한 사람이 50명이 넘는다는 통계자료도 없었다. 이 비판적인 사람들의 주장인즉, 정신건강 시스템으로 보건대 그런 시설이 세워지고 직원이 고용되는 즉시 그 병상들을 점유할 50명의 정신질환자를 '창조해야' 한다는 큰 압력이 있을 것이라는 것이었다.

그렇다고 해서 정신건강 시스템이 50명의 '정상인'에게 달려들어 그들을 미치게 만들 것이란 뜻은 물론 아니다(어떤 사람들은 모든 시스템이 바로 그런 짓을 한다고 말하긴 하지만). 만일 그토록 선전한 50개 병상이 텅텅 비게 된다면, 정신과 의사들이 평소에는 집으로 돌려보냈을 환자들을 입원시킬 가능성이 많아진다는 것이다. 심지어는 정신질환자에 대한 그들의 정의(定義)를 타협하면서까지 그렇게 할 것이다. 이런 의미에서 전문가는 고객들을 '창조할' 수 있는데, 신과 같은 힘을 발휘해서가 아니라 단순한 자기이익과 전문직의 필요 논리에 의해서 그렇게 한다.

먼저 부분적으로 경제적인 필요가 있다. 병원 건축에 들어간 비용을 되찾으려면 50 병상을 다 채워야 한다. 하지만 개인적인 필요도 있다. 정신건강 전문가들의 경우, 만일 그들의 도움에 의존하는 사람들이 없다면 그들의 삶은 무슨 의미가 있겠는가? 전문가들에게 고객들을 '창조해야' 한다고 다그치는 면에서 수입의 필요성 못지않게 개인적인 의미도 강력한 힘을 발휘한다.

이런 개인적인 역동은 각 전문직이 자기네 이익을 보호하고 증진하려고 만드는 단체들에 의해 몇 배나 증폭될 수 있다. 일부 정신과 의사들이 스스로 고객들을 '창조하는' 방식에 대해 공개적으로 도전하고 싶어도, 그럴 경우 진찰 의뢰서도 받기 어렵고 자칫하면 그 단체에서 고립될 위험이 있다면 몇 명이나 감히 그렇게 하겠는가? 내가 아는 전문직 가운데 장자가 말하는 그런 어두운 면을 갖고 있지 않은 직업은 하나도 없다. 모두가 하나같이 전문직 단체의 회원들이 해결책을 알고 있는 문제들이 바닥나지 않도록 손을 써서 그 분야에 몸담고 있으려고 조용한 음모를 꾸미고 있는 것이다.

이런 음모에 담긴 하나의 전술은 우리의 문제에 이름을 붙이고 그것을 분석할 때 수련한 전문가만 이해할 수 있는 어휘를 사용하는 것이다. 이런 어휘는 목회사역에서 금속공학에 이르는 모든 전문직의 특징이며, 정신건강 전문직도 예외가 아니다. 일반 사회가 인간이 겪는 기본적인 슬픔마저 '우울증'으로 생각하도록 학습되어 있다면, 그 어떤 비전문가가 도움을 주겠다고 나서겠는가? 그 대신 우리는 전문가들, 곧 애매모호한 어휘를 사용하여 비전문가의 기를 죽여서 계속 힘을 보유하려는 전문가들을 향하게 된다.

물론 전문직을 계속 보유하려는 전문가들의 음모에 '고객들'도 가담하는 것이 사실이다. 만일 우리가 약간의 문제만 있어도 그들을 찾는 일을 하지 않는다면, 스스로 치유할 수 있는 우리의 능력을 그들에게 양도하지 않는다면, 정신건강 전문가들 사이에 병리현상이 줄어들 것이다. 과거에는 정신건강의 문제들(예를 들어, 슬픔)을, 수련한 치료사가 아니라 비전문가 공동체가 돌보았다. 그러나 우리가 공동체의 책임을 저버리자 그 유익 또한 상실했고, 사람들이 찾을 수 있는 유일한 친구는 시간제로 돈을 지불하는 전문가밖에 없게 되었다.

전문가주의의 병리가 지닌 아이러니는 전문가(professional)라는 단어가 본래는 전혀 다른 의미를 지녔었다는 사실이다. 본질적으로 전문가는 신앙고백을 하는 사람이다. 자신의 능력보다 더 크고 더 지혜로운 무언가에 대한 신앙을 고백하는 사람. 진정한 전문가는 다른 이들을 의존적으로 만들어 그들을 대상화하는 사람과 정반대되는 인물이다. 진정한 전문가는 자기 자신을 넘어 우리가 의지할 수 있는 저변의 실재, 감춰진 온전성을 행동으로 가리키는 사람이다. 슬픔에 빠진 사람에게는 전문가의 테크닉이 아니라 인생의 초보적인 은혜, 공동체나 자연이나 자아 속에서 찾을 수 있는 은혜에 대한 믿음이 필요하다. 진정한 전문가는 그런 은혜를 전문적인 솜씨로 가리는 사람이 아니라 모든 환상을 벗겨내고 인간의 마음이 의존할 수 있는 믿을 만한 진실을 드러내는 사람이다.

행동은 자기성취적인 예언이다

장자가 묘사하는 반작용의 삶은 사물의 본질에 어긋나는 데 그치지 않는다. 그보다 더 못한 것은 자기 성취적인 예언을 창조하는 능력을 갖고 있어서 사회적 및 심리적 환상들을 층층이 쌓아올려 실상보다 더 그럴듯하게 보이게 한다는 점이다. 우리가 몸담고 있는 세상의 본질에 대한 우리의 강렬한 신념 중 다수(예를 들어, 세상은 험악하므로 거기서 살아남으려면 거칠어야 한다는 관념)는 주어진 세상을 정확하게 반영하는 것이 아니라 우리의 신념 자체가 창조한 '현실'을 반영한다.

자기 성취적인 예언의 고전적인 본보기로 건강을 자랑하던 은행의 붕괴를 들 수 있다. 사람들이 이 은행의 현금이 곧 바닥나서 채권자에게 지불할 능력이 없을 것이란 거짓 소문을 퍼뜨리기 시작하면, 예금자들은 아주 늦기 전에 돈을 인출하려고 줄을 서게 될 것이다. 그 거짓 소문이 곧 진실이 되면서 점점 더 많은 사람들이 현금을 인출한 결과, 은행은 부채를 갚을 수 없게 되리라. 거짓 신념에 기초한 행동은 그런 거짓말을 실존하게 할 수 있는 힘을 갖고 있다.

우리는 혹시 우리가 원치 않는 '실상'을 탄생시키고 있지 않은지 살펴보기 위해 우리 행동 배후의 가정들을 검토하는 것이 좋다. 예를 들어, 장자의 시에 나오는 행위자들을 다시 고찰하라. 자기를 괴롭히는 문제가 없으면 불행한 전문가는 고민거리를 조장하는 일에 평생을 보낸다. 자기의 가르침이 공격을 받지 않으면 한탄하는 철학자는 돌아다니면서 공격자들을 창조한다. 용기를 보여주려고 비상사태를 원하는 용감한 여성은 세상에 더 많은 비상사태를 불러일으킨다. 싸움을 원하는 검객은 칼을 휘두를 구실을 찾기 위해 갈수록 더 많은 상대를 만날 것이다.

장자의 시 바깥에 있는 세상에서 그런 자기 성취적인 예언의 부정적 본보기를 찾는 일은 결코 어렵지 않다. 예컨대 검객과 아주 비슷한 예를 군산(軍産)복합체에서 볼 수 있다. 우리의 경제가 전쟁이나 전쟁 준비에 의존해 있고, 값비싼 치명적인 무기들이 날마다 사용해 달라고 아우성치고 있는 실정이다. 우리 사회는 자기 존재의 의미를 실현하려고 싸움을 원하는 사람들과 기관들로 가득 차 있다. 조만간에 그들의 요구사항은 자기 성취적인 예언이 될 것이다.

환상을 실상으로 만드는 예언의 또 다른 본보기는 광고라고 불리는 일상적인 공세이다. 실은 아무에게도 필요 없는 상품이 사람들로 그것이 필요하다고 믿게 하는 광고의 힘 때문에 수많은 사람의 '필수품'으로 둔갑한다. 광고는 X를 갖고 있지 않으면 박탈감을 느끼게 하는 사회 분위기를 조성하기 때문에 갈수록 X가 더 많이 팔리고, 따라서 그것을 꼭 소유해야 할 소비자를 더 많이 창조하게 된다. 장자의 말처럼, "바보들이 북적대는 시장이 없다면 장사는 어떻게 될까?"

행동이 환상을 실상으로 바꿀 수 있다면 무위도 그럴 수 있다. 예를 들어, 우리가 복잡한 상황에 처하면 '정치적인 역학 때문에 나는 이 문제에 대해 아무것도 할 수 없다'고 믿는 성향이 강하다. '정치'를 우리 바깥에 있는 모종의 신비로운 힘인 것처럼 생각하는 것이다. 사실은 우리와 타인들이 날마다 내리는 결정들, 우리의 관심사와 그에 대한 행동 여부에 관한 결정들로 구성된 네트워크에 불과한데도 말이다. 우리가 복잡한 정치 때문에 행동을 그만두면 우리의 힘을 타인에게 양도하게 되고, 그 결과 또 다른 자기 성취적인 예언이 성취되는 셈이다. 그리하여 '그 상황의 정치'가 우리가 아무 목소리도 내지 못하는, 우리 밖의 신비로운 힘으로 둔갑하고, 우리를 괴롭히는 문제는 더 악화될 가능성이 많다.

장자의 시에 나오는, 스스로를 성취하는 부정적인 예언에 해당하는 본보기를 현실 세계에서 찾는 일은 쉽다. 그러나 장자가 제시하는 긍정적인 본보기에 해당하는 것들을 찾는 일은 더 어렵다. 어쩌면 그런 것들이 더 정곡을 찌르기 때문일지도 모른다. 우리는 광고 회사나 군산복합체가 환상을 수상한 실상으로 만드는 일에 몰두하고 있다는 것을 의심치 않는다. 그런데 "늘 미덕을 보여줄 기회를 찾는" "인정 많고 성실한 사람"은 어떤가? 세상의 선(善) 가운데 일부(당신과 내가 창조하려고 애쓰는 것까지 포함하여)는 악의 일부만큼이나 자기 성취적인 예언의 산물일 가능성이 있는가? 설사 그렇다 할지라도, 그것이 선인 이상 무슨 문제가 있겠는가?

그렇다, 세상에서 선으로 보이는 것 중 일부는 "미덕을 보여줄" 우리의 필요에서 나온 것이다. 그렇다, 그런 것은 문제가 있다. 아니, 적어도 나에게는 그렇게 보인다. 우리 안에는 선행을 해야 하는 속사람이 있어서 남을 위해서가 아니라 자기를 치켜세울 목적으로 인정을 베풀기도 한다. 이런 면에서 미국에 처음 도착한 어느 종교 집단과 비슷하다고 하겠다. "그들은 선을 행하기 위해 왔고 마침내 선행을 잘 수행했다"는 평가를 받은 집단 말이다.

문제는 '누구를 위한 선인가?' 하는 것이다. 그렇다고 행위자에게 좋은 행동이 타인에게는 좋을 수 없다는 뜻은 아니다. 실은 행위자에게 타인을 위하는 동기가 없다면 그런 행동이 과연 타인에게 좋을 수 있을까 의문스럽다. 행위자의 필요 때문에 수행되는 '선'은 선할 가능성이 거의 없다. 그런 선행은 그것을 원치 않는 사람들, 행위자의 이기적인 사랑의 대상이 되는 사람들에게 강요되기 일쑤다. 이런 사람들이 겪는 것은 자선의 경험이 아니라 폭력의 경험일 뿐이다. 누군가 당신에게 물어보지도 않고 당신에게 필요한 것을 결정할 때마다 행해지는 폭력이다.

　그런 행동은, 그 의도가 어떻든지 간에, 사물의 본질에 속한 유기적 성격이 없기 때문에 궁극적으로 잘못된 것이다. 그것은 강요된 선이고, 힘은 언제나 시혜자와 수혜자 모두를 대상의 세계의 죄수로 만듦으로써 주체를 객체로 변질시켜 버린다. 궁극적으로 선한 행위는 사람들에게 자신의 운명을 선택할 자유를 허용하는 행위이다. 나는 우리를 자유로운 존재로 창조하신 하나님의 선을 그렇게 이해한다. 이 자유는, 내가 승인하든 않든 상관없이, 다른 사람이 지옥을 선택할 수 있는 자유를 포함하고 있다. 하지만 내 자매나 형제를 구속하는 식으로 나의 도덕적 의지를 강요하는 일은 포함하지 않는다.

　이런 문제에 관한 옛 비유가 있는데, 그 결과는 언제나 나에게 의심을 불러일으켰던 것이다. 어느 현인이 홍수로 물이 불은 강의 둑을 걷다가 강가의 뿌리에 뒤엉킨 전갈을 보았다. 조금만 있으면 전갈이 물에 익사할 것을 안 그는 그놈을 구출하러 내려갔다가 그놈에게 손을 댈 때마다 독침에 쏘이고 말았다. 지나가던 사람이 그를 보고 어리석다고 꾸짖었으나, 이 현인은 "침을 쏘는 것이 전갈의 본성에 속하는 만큼 구출하고픈 내 본성을 저버릴 필요가 있습니까?" 하고 대답했다.

　이 현인의 답변이 지닌 문제는 전갈의 침이 "나는 구출되고 싶지 않다!"라는 뜻을 지닌 의도적 행위가 아니라 반사적 행동이라고 보는 그의 생각에 있다. 자기의 뜻에 거슬려 '구출된' 적이 있는 사람은 누구나 그렇듯이 나도 그 전갈의 입장에 공감할 수 있다. 만일 그 현인의 속 깊은 본성이, 상황이 어떻든지 간에, 자동적으로 구출하지 않고 상대방의 진실에 귀를 기울인 뒤에 그에 따라 반응했더라면, 그것은 더 나은 이야기가 되었을 것이다.

그런 반응은 더 나은 이야기를 만들 뿐 아니라 우리를 더 나은 사람으로, 세상을 더 나은 곳으로 만들어 주기도 할 것이다. 이 세상은 자기의 구원관을 남에게 강요하는 구원자가 더 필요하지 않고, 구출받는 것을 싫어해서 다시 침을 쏠 준비를 하는 전갈이 더 필요하지도 않다. 좋게 보이든 나쁘게 보이든, 자기 성취적인 예언은 장기적으로 보면 언제나 해를 초래하기 마련이다. 그런 것은 우리의 유일한 근거이자 희망인 저변의 실상을 대신하는 대체물이기 때문이다.

우리 자신을 위해 삶을 만든다는 것

장자의 시 "활동적인 삶"에 가장 강력한 대목은 마지막에 나오는 문구, "생산하라! 결실을 맺어라! 돈을 벌라! 친구를 만들라! 변화를 일으키라! 그렇지 않으면 그대는 절망에 빠져 죽을 것이다!"가 아닐까 생각한다. 이 대목에서 그는 숨을 헐떡이며 미친 듯이 돌아가는 활동적인 삶을 요약하고 있다. 우리를 정당화하는 것이나 구출하는 것을 막론하고 우리가 이런저런 것을 충분히 만들고 있지 못하다는 두려움 때문에 쉴 새 없이 뛰어다니는 삶이다. 장자가 이런 삶에 대해 가련하게 생각하는 것은 우리가 우리의 삶을 '만들어야' 한다는 관념으로 잘 요약된다.

앨런 와츠는 이 만든다는 개념이 서구의 세계관에 얼마나 깊이 스며 있는지를 다음과 같은 본보기로 잘 보여준다.

> 서구 문화에서 자란 아이는 엄마에게 "난 어떻게 만들어졌어요?"라고 묻는 것이 자연스럽다. 우리는 그것이 아주 논리적인 물음이라고 생각한다. …그러나 중국 아이는 그런 질문을 하지 않는다고 나는 생각한다. 중국 아이는 "난 어떻게 자랐어요?"라고 물을 것이다. 단연코 "나는 어떻게 만들어졌어요?"라고는 묻지 않을 것이다.[6]

우리의 일상 대화에 만든다는 개념이 얼마나 자주 나오는지 생각해 보라. 장자가 말하듯이, 돈을 만든다, 친구를 만든다, 변화를 만든다는 표현을 쓴다. 아울러 시간을 만든다, 사랑을 만든다, 평화를 만든다, 거래를 만든다, 우리의 길을 만든다, 흔적을 만든다, 사태를 올바로 만든다, 의미를 만든다, 생활을 만든다, 그리고—모든 것을 감안해서—'그것을' 만든다고 말한다. 심지어는 영어의 대가인 예이

츠조차도 우리의 "영혼 만들기"(soul-making)에 관해 썼다. 이처럼 어느 동사가 일상 대화에서 그토록 편만하고, 우리가 그것을 아주 다양한 현상을 표현하는 이토록 많은 명사들에 붙인다는 것은, 그 동사가 우리 자신, 우리의 행동, 우리의 세계에 대한 우리의 관점에 대해 아주 중요한 사실을 보여주고 있음이 틀림없다. 이것을 우리는 어떻게 이해해야 할까?

우리는 우리 자신을 해 아래 있는 거의 모든 것을 만드는 제작자로 여긴다. 우리가 도무지 만들 수 없는 것까지 포함하여. 우리는 물론 거래를 만들거나 흔적을 만들 수 있다. 그런데 우리가 정말로 사태를 올바로 만들거나, 평화를 만들거나, 사랑을 만들 수 있는가? 그리고 아무리 똑똑하고 기술이 좋아도 시간을 만들 수 있는 사람은 없다. 우리는 세계의 상당 부분을, 우리의 고안과 에너지에 의해 그 모양이 갖춰지길 수동적으로 기다리는 원재료로 여기는 것 같다. 사실 '만들다'(make)라는 단어는 진흙이나 덩어리를 반죽하는 것과 연관된 어원을 갖고 있다. 칼 마르크스는 인간의 노동을 원재료에 "가치를 더하는" 것이라고 말했는데, 이는 물질세계가 그 자체로는 가치가 없는 듯이 여긴 것이다. 그런데 이와 같은 세계관은 공산주의자들 못지않게 자본주의자들 사이에도 널리 퍼져 있다. 당신이 이런 것을 '단순한 말장난'으로 제쳐놓지 않는 한(나는 말이 단순하다고 생각하지 않는다), 우리는 무의식적으로 우리 자신에 대해 우리 자신의 삶을 비롯한 거의 모든 것을 만드는 궁극적인 제작자로 생각한다고 결론 지을 수밖에 없다.

이런 활동주의가 얼마나 우스운지를 나 스스로 상기하기 위해 몇 년 동안 내 책상 위에 풍자화를 붙여놓았다. 이 그림은 머나먼 지평선까지 거대한 평야가 펼쳐져 있고 거기에 몇 개의 바위와 덤불들만 드문드문 흩어져 있는 모습이다. 그 평야에는 곡괭이와 삽과 손수레와 함께 땅을 일구는 수많은 소그룹들이 있고, 그림의 맨 앞에는 그 작업을 감독하는 두 사람이 서 있다. 이 그림의 아래편에는 "그랜드 캐니언의 초기 작업"[7]이란 표제가 달려 있다. (이 풍자화를 수년 동안 쳐다 보며 웃곤 했던 나는 최근 그랜드캐니언에서 래프팅을 하던 중에 콜로라도 강을 막아 캐니언을 가득 채운 뒤에 수력을 생산하고 싶어 하는 사람들이 생각났다. 그렇게 해야만 이 장엄한 골짜기가 진정한 가치가 있다고 그들은 믿는 것이다. 때로는 풍자화와 현실 세계 간의 거리가 놀랄 만큼 가깝다.)

우리가 그와 정반대되는 것을 탐구하면 이런 선입관의 근원을 더 잘 이해할 수 있을 것이다. 그것은 우리가 이 세계나 우리 자신을 만드는 게 아니라 그저 주어진 인생을 받는다는 신념이다. 이것은 욥기에 나오는 한 위대한 단락 배후에 있는 신념이다. 다름 아니라, 하나님이 욥에게 그의 인생을 선물이 아닌 어떤 것으로 간주하는 것이 얼마나 어리석은지를 깨닫게 하려고 애쓰는 장면이다. "내가 땅의 기초를 놓을 때에 네가 어디 있었느냐? …누가 그것의 도량법을 정하였는지… 네가 아느냐?"(욥기 38:4-5) 우리에게 어떤 자부심이 있든지 간에 우리가 도무지 만들 수 없는 것들이 있다. 그런데도 우리는 어째서 그처럼 초보적이고 명백한 사실을 받아들이길 어려워하는가?

우리가 인생의 큰 영역을 순전한 선물로 받아들인다면 우리에게 통제권이 없다는 것을 인정하지 않을 수 없다. 우리가 제작자가 아니라 수령자로 살아야 한다면, 우리는 마치 거대한 복지제도의 혜택을 받는 사람처럼 스스로 의존감과 위축감을 느낄지 모른다. 우리가 많은 선물을 받았다는 것과 그 모든 소유를 우리가 번 것이 아님을 인정해야 한다면, 우리는 우리의 보물을 홀로 축적하지 말고 그 선물들을 넘겨주어야 한다는 의무감을 느낄지도 모른다. 우리의 소유물 대부분을 우리가 만들지 않고 또 만들 수도 없다는 것을 인정한다면, 우리는 수많은 환상을 벗겨내고 실상에 가까워져서 위안을 받을 것이다.

이런 말이 이상하게 들릴지 모르겠다. 하지만 장자가 말하는 절망은 우리가 선물에 의존하는 존재임을 시인할 때 이 '제작자들'의 사회에서 우리에게 임한다. 바로 그 순간 우리는 우리의 한계와 의존성을 직면하지 않을 수 없고, 완전한 자립이 예나 지금이나 하나의 환상임을 시인할 수밖에 없다. 그 순간 우리 중 일부는 짐이 벗겨지는 해방감을 느끼지 못하고 오히려 환멸과 절망을 느낀다.

그러나 장자는 이 절망감이 기쁨으로 향하는 여정의 한 단계임을 알고 있다. 진정한 절망은 잘못된 신념, 곧 내가 내 인생을 위해—돈과 친구와 변화를 만듦으로써—'의미를 만들지' 못한다면 인생의 의미는 존재하지 않는다는 신념에서 오는 것임을 그는 알고 있다. 진정한 절망은 무언가를 만들려는 우리의 노력이 얼마나 덧없는지를 인정하지 않는 것, 우리가 만든 것이 잘못과 악과 질병과 나이와 죽음에 의해 쉽게 파괴된다는 것을 인정하지 않는 것이다. 절망 너머에 있는 기쁨은 우리가 완전한 자립의 환상을 포기하고 인생이 주는 선물을 고맙게 받을 때에 찾아온다.

나는 많은 사람이 '활동적인 삶'을 끝내고 은퇴할 때 절망에 빠지는 모습을 보았다. 특히 남자들이 심하다. 그들이 그동안 하던 일에서 물러날 때, 그들은 마치 물웅덩이에서 손을 빼내는 것과 비슷하다. 그들의 손이 거기에 있었던 적이 없는 듯이 그 자리가 물로 채워지는 것이다. 진정한 절망은 우리가 죽기 전에 물이 결국은 모든 것 위를 채우게 될 것임과 우리가 결코 우리 꿈의 지울 수 없는 흔적을 남기지 못할 것임을 배우지 못하는 것이다. 그러나 일단 우리가 그것을 배우고, 인생의 선물들을 인정하면, 우리는 좀 더 희망찬 새로운 방식으로 제작자가 될 수 있을 것이다.

사실은 우리가 언제나 제작자가 될 필요가 있기 때문이다. 우리의 삶에는 원재료가 있으며, 그것을 갖고 제대로 일해서 모양을 만들 수 있다. 사실 일할 기회는 큰 선물 중의 하나이다. 우리가 선물로 받은 인생을 산다고 해서 우리에게 필요한 모든 것이 하늘에서 만나처럼 내려온다는 뜻은 아니다. 우리가 도로와 집을 만들고, 심지어는 친구와 생계와 사랑을 만들 필요가 있다는 말은 정당한 의미를 지닌다. 하지만 우리가 어떻게 만드는지를 다시금 고찰하여 우리의 제작 작업이 우리의 선물들과 얼마나 얽혀 있는지를 볼 필요가 있다. 우리는 우리가 제조하지 않은 원재료를 선물로 받았다. 우리는 이 재료가 취할 수 있는 모양을 상상할 수 있는 자유를 선물로 받았다. 우리는 제작에 필요한 기술과 도구는 물론 그런 것을 이용할 수 있는 능력도 선물로 받았다. 우리가 이런 선물들을 받았음을 이해할 수만 있다면, 우리의 제작 작업은 더 이상 결국 절망을 초래할 불가능의 짐을 지지 않아도 될 것이다.

이 순간 나는 열심히 제작하는 일에 종사하고 있다. 이 책을 만드는 작업이다. 글 쓰는 법을 배운 지난 25년을 포함하여 이 작업에 상당한 노력을 기울이는 중임을 나는 알고 있다. 하지만 좀 더 명민한 순간에는 이 텍스트 만들기 작업과 영향을 주고받는 거저 받은 선물들을 의식한다. 통찰력, 예화, 언어, 순수한 은혜와 같은 선물들이다. 열심히 글을 쓰다보면 기쁨을 경험하지만 만일 이런 순전한 선물들이 없었다면 그 기쁨이 줄어들 것이다.

그럼에도 불구하고, 나를 비롯한 많은 사람은 선물 받은 존재라는 생각과 제작자로서의 자아상을 통합시키기를 어려워한다. 서구 문화는 저기에 있는 세계는 비활성 물질로 구성되어 있고, 우리는 그 물질에 모양새를 부여할 변화의 역군이라는 환상을 수많은 방식으로 강화시키고 있다. 이것이 바로 급속한 테크놀로지의 발달을 촉발한 가정이다. 이것이 바로 현대 교육, 곧 땅에 통치권을 행사할 도구를 주려고 하는 교육의 토대를 이루는 가정이다.

그런데 지금은 과학철학자들이 그런 오만한 생각, 즉 우리 속에 있는 활동적인 지성이 발견하고 조작하는 비활성 세계가 저기에 있다는 생각을 버리기 시작했다. 새로운 견해에 따르면, 모든 실재는 활동적이며 상호작용을 하고, 서로 관계를 맺는 거대한 거미집과 같다고 한다. 우리는 인식자로서 행동의 주체인 동시에 객체이고, 우리가 아는 실재는 우리 자신과 우리의 환경 사이에 한없이 주고받는 복잡한 만남의 결과이다.

이 만남을 통해 우리가 어떤 모양을 만드는 것은 사실이다. 하지만 우리가 속한 관계적인 실재에 의해 우리의 모양이 빚어지는 것도 사실이다. 우리는 거대한 창조 공동체의 일부일 뿐이다. 만일 우리가 이 사실을 포용하는 식으로 행동할 수 있다면, 즉 우리가 이 공동체의 일원으로서 받는 선물들을 존중하는 방식으로 행할 수 있다면, 우리는 우리의 행동이 이 도시에서 유일한 것이라고 믿을 때 오는 절망을 극복할 수 있으리라. 이보다 더 중요한 것은, 우리의 행동이 집단적인 절망을 초래할 가능성이 줄어들고, 그 거미집과 그 속에 사는 모두의 건강에 기여할 가능성이 늘어날 것이다. 진정한 행동이 무의식적인 반작용을 대치할 때는 활동적인 삶이 (장자가 말하는) '가련한' 것이 되지 않고 생명력이 넘치는 창조적인 힘이 될 것이다.

"나무조각가":
올바른 행동의 모델

4장

—

행동의 도^道

만일 "활동적인 삶"이라는 시가 우리의 유일한 증거라면, 우리는 장자와 도교가 활동적인 삶을 조롱한다는 결론을 내릴 것이다. 어떤 서구인들은 이런 식으로 도교를 잘못 해석한다. 도교는 책임성과 실질적인 일을 멸시하고 자연스런 흐름에 몸을 맡기는 수동적 태도를 부추긴다고 본다. 장자와 다른 도교 선생들이 흔히 '비행위'(inaction)로 번역되는 '무위'(無爲)에 찬성하는 발언을 하기 때문에 더욱 그런 인상을 준다. 그러나 무위는 비행위를 뜻하지 않고 도교는 수동적 태도를 설파하지 않는다. 오히려 양자는 모두 올바른 행동, 곧 서구인이 활동적인 삶과 동일시하는 미친 듯한 생활보다 더 절제되고 더 해방을 선사하는 행동양식을 가리킨다.

「장자의 길」은 열심히 일하고 창조하고 돌보는 사람들을 묘사함으로써 올바른 행동이 무엇인지를 보여주는 산문시들과 이야기들을 담고 있다. 그중에 내가 좋아하는 것은 나무 조각의 대가인 킹(Khing)에 관한 이야기다.

"나무조각가"

나무 조각의 대가 킹이 귀중한 나무로 종받침대를 만들었다.
그가 만든 것을 본 사람들은 모두 깜짝 놀랐다.
그것은 신령의 작품이 틀림없다며 크게 감탄했다.
주나라 군주가 그 대가에게
"자네의 비법이 무엇인가?" 하고 물었다.

킹은 이렇게 대답했다.
"저는 한갓 장인일 뿐입니다.
어떤 비법도 없습니다. 다만 이렇게 할 따름입니다.
전하께서 명하신 작품에 대해 구상하기 시작하면
저는 제정신을 잘 지키고,
그 일과 상관없는 사소한 일에는
일절 신경을 쓰지 않습니다.
제 마음을 진정시키기 위해

단식을 했습니다.

단식한 지 사흘이 지나자

저는 이득과 성공을 잊어버렸습니다.

단식한 지 닷새가 지나자

저는 칭찬이나 비판을 잊어버렸습니다.

단식한 지 이레가 지나자

저는 손발과 더불어 제 몸을 잊어버렸습니다.

그 즈음에 전하와 왕궁에 대한 모든 생각이

어렴풋해졌습니다.

작업을 방해할 만한 모든 것이

저 멀리 사라졌습니다.

저는 오로지 종받침대에 관한 생각에만 몰두했습니다.

그때 저는 숲으로 갔습니다.

자연 상태에 있는 나무를 보기 위해서였습니다.

딱 맞는 나무가 제 눈앞에 나타났을 때

종받침대의 모습도 틀림없이, 명확하게,

그 속에 나타났습니다.

이제 남은 일은 손을 내밀고 시작하는 것입니다.

제가 바로 이 나무를 만나지 못했다면
종받침대는 존재하지 못했을 것입니다.
무슨 일이 있었냐고요?
저의 일편단심이 그 나무 속에 감춰진
가능성을 만난 것입니다.
이 생생한 만남으로부터
전하께서 신령의 작품이라 부르신 이 작품이
나온 것입니다."[1]

우리가 "활동적인 삶"이라는 시를 행동의 세계에 대해 너무 냉소적이라고 치부하고픈 생각이 든다면, "나무조각가"에 대해서도 너무 낭만적이라 제쳐놓고 싶은 마음이 들 것이다. 겉으로 보면, 이 이야기는 우리와 아주 다른 한 사람, 곧 우리의 일터보다 더 양호한 환경에서 행동의 자유를 마음껏 누리는 한 기술자를 묘사하는 것 같다. 이 나무조각가는 아름다움을 창조하는 장인이다. 그는 깊은 심미적 감각을 지닌 사람들에게 둘러싸인 듯이 보인다. 더 놀라운 것은 일하는 도중에 느긋하게 명상할 수 있는 시간을 확보할 수 있다는 점이다. 반면에 우리는 우리의 일에 대해 대가라는 생각을 품지 못한다. 우리 주변의 사람들은 우리의 작업을 높이 평가하지도 않는다. 그리고 비전을 품고 우리 에너지를 집중하기 위해 일주일의 시간을 확보하는 것도 불가능하다.

그러나 이 이야기를 너무 낭만적이라고 치부하는 것은 그 가르침을 받지 않으려는 태도, 우리의 활동적인 삶에 대한 정밀조사를 받지 않겠다는 태도일 뿐이다. 우리가 그 이야기 속에 들어가면 나무조각가가 우리와 별로 다르지 않고 그의 환경도 우리의 환경과 크게 다르지 않다는 것을 알게 된다. 사실 그 나무조각가를 둘러싼 압력이 당신이나 내가 일터 환경에서 접하는 압력보다 더 심하다는 것이 드러난다.

많은 사람은 우리가 몸담은 위계질서에 의해, 우리의 창의력 발휘에 필요한 독립성을 빼앗는 제도적인 구조에 의해 방해를 받고 있다고 느낀다. 하지만 나무조각가만큼 부담스러운 환경에서 일하는 사람은 드물다. 그는 군주와 농노로 구성된 봉건사회에 살고 있고, 그의 '보스'인 주나라 군주는 당시 엄격한 질서의 맨 꼭대기에 앉은 인물이다. 내가 중국인 학자들에게 만일 킹이 군주의 마음에 드는 종 받침대를 만들지 못했다면 어떻게 되었겠느냐고 물었더니, 그들은 즉시 그의 목이 잘렸을 것이라고 답변했다. 킹은 목숨을 담보로 그 일을 하되 제대로 해야 한다는 상당한 압력을 받고 있었다. 그 군주가 일이 잘못될 경우를 대비하여 고용인의 고충처리제도를 담은 인사 매뉴얼을 갖고 있었을 가능성은 없다. 그러므로 킹이 누렸던 행동의 자유를 계몽된 고용주의 덕택으로 돌릴 수는 없는 노릇이다.

그런데 킹이 '조각의 대가', 즉 우리 대부분보다 더 나은 기술을 가진 장인이라는 사실은 어떤가? 그는 우리 같은 아마추어들을 제약하는 조건에서 자유로운 특별한 인물이 아닌가? 다시금 우리는 방어적인 자세를 취하고 있다. 우리는 '전문가들'에 비해 매우 평범해서 우리의 행동은 그들만큼 자유롭고 우아할 수가 없고, 우리가 그들의 기준에 맞춰질 수 없다고 믿고 싶다. 그러나 내가 나중에 자세히 다루겠지만, 이 이야기의 중요한 순간 중 하나는 킹이 "저는 한갓 장인일 뿐입니다. 어떤 비법도 없습니다"라고 말하는 장면이다. 킹의 양질의 활동은 일차적으로 그의 기술에서 오는 것이 아니라 자기도 다른 사람과 다를 바가 없다는 주장, 곧 우리 모두가 아마추어일지라도 개진할 수 있는 그런 주장에서 나오는 것이다.

지난 수년에 걸쳐 "나무조각가"에 대해 묵상한 결과 나는 네 가지 중요한 교차점을 발견하게 되었다. 이 교차점들은 각각 행동의 중요한 요소를 보여주고, 우리가 각 요소와 맺는 관계가 우리 행동의 질을 좌우하게 한다. 네 가지 요소들이란 동기, 기술과 재능, '타자', 그리고 결과를 말한다. 이 나무조각가는 각 요소와의 관계를 새롭게 하되 대상의 세계에서 스스로를 반작용으로부터 해방시키는 방식으로, 스스로를 무위, 즉 그 자신의 실재와 그를 둘러싼 실재와 조화를 이루는 행동에 참여시키는 방식으로 그렇게 한다. 나무조각가는 우리에게 올바른 행동의 모델을 제공하고 있다.

동기

우리가 "활동적인 삶"이 비판하는 기계적이고 강박적인 행동을 그만두고 싶다면, 먼저 스스로에게 간단한 질문을 던지는 법을 배워야 한다. 바로 "왜 내가 이 일을 하고 있는가?" 하는 질문이다. 이는 동기에 관한 질문인데, 그것을 자문하는 경우가 무척 드물다(때로는 재빨리 다른 사람들의 동기를 조사하고 의심하면서도). 각 행동의 배후에는 어떤 동기, 자극, 힘의 장(場)이 있는 법이다. 우리가 그 힘을 탐구하지 않으면 결코 초월적으로 행동하지 못할 것이다. 그럴 경우에는 움직이되 선택을 못하는 자동 기계와 같은 활동적인 삶을 살게 되리라.

그 나무조각가는 어째서 종받침대를 만드는 작업에 착수했는가? 물론 이 이야기를 낭만적으로 읽은 나머지 킹이 '예술을 위한 예술'을 창조하는 몽상가라고 상상하기가 쉽다. 그러나 그런 해석은 주나라 군주의 명을 받았기 때문에 킹이 종받침대를 만드는 작업에 착수했다는 이야기를 크게 왜곡시키는 것이다. 군주의 명령과 혹시 생길지 모르는 그의 불쾌함이 다모클레스의 검처럼 나무조각가의 작업 위에 매달려 있다. 나무조각가의 활동은 애초에 이런 강제에서 나오기는 하지만 예술을 위한 예술의 자유를 향해 움직인다. 그런데 이 자유는 군주나 다른 외적인 권세가 승인한 것이 아니다. 그것은 나무조각가가 자신의 내적 권위에 근거하여 스스로 자기 것으로 만든 자유이다.

우리 중의 다수는 그리 양호하지 않은 동기로, 자기 생각과 다른 방식으로 행동한다. 달리 말하면, 선택이 아니라 요구에 의해, 우리 자신과 우리의 사유를 위해서가 아니라 타인과 타인의 사유를 위해서, 행동 자체를 위해서가 아니라 그에 따른 돈이나 안전이나 인정이나 명성을 위해서, 우리가 일을 좋아해서가 아니라 일하지 않을 때의 죄책감을 피하려고 행동할 수 있다. 이와 같은 동기들은 아주 흔해서 우리는 그런 것들을 불가피한 발사대로 받아들인다.

그러나 발사대는 한시적인 것일 뿐이다. 일단 발사되고 나면 로켓은 발사대의 구속에서 자유로워진다. 우리는 종종 이상적이지 않은 동기와 환경으로부터 행동을 개시해야 한다. 우리가 행동하기 전에 이상적인 동기를 기다린다면 결코 행동에 착수하지 못할 것이다. 그런데 우리의 행동이 본래의 동기에 구속되게 한다면, 우리의 행동은 엉성하고 서투르고 진부한 모양을 면치 못할 것이다. 그러면 어떤 과정을 밟으면 우리가 그 나무조각가와 같이 바람직하지 않은 동인은 수용하되 우리의 행동을 그 본래의 구속을 초월하는 아름답고 진실한 것으로 변모시킬 수 있을까?

나는 그 나무조각가에게 애초에 이런 깨달음이 있었을 것으로 추정한다. 우리가 우리 내면의 진실에 도달하려면 때때로 바깥의 부름을 받아야 하고, 이런 부름은—무자비한 군주와 같은—전혀 예상치 못한 곳에서 올 수 있다는 깨달음. 그런 부름은 잘못된 장소로부터 혹은 잘못된 이유로 올 수 있지만, 그렇다고 그것이 잘못된 부름이란 뜻은 아니다.

내 친구 하나는 대학 생활을 시작하려고 학교에 도착했을 때의 이야기를 이렇게 들려준다. 온종일 이삿짐을 나르고 그날 밤 잠자리에 들었다가 다음 날 아침에 일어났을 때 '내가 대학교에 온 것은 부모님이 원했기 때문이지. 이건 타당한 이유가 아니잖아'란 생각이 들었다고 한다. 그래서 물건을 싸서 이사를 나갈 준비에 착수했는데, 그 일만 해도 온종일이 걸려서 그날 밤에도 기숙사에서 잘 수밖에 없었다. 다음 날 아침에 일어났을 때 '그래서 어쨌단 말이지?'란 생각이 떠올랐다. 부모님이 나를 위해 품었던 바람은 어느 것 못지않게 타당한 이유라는 생각이 들자 그는 그냥 머물기로 결정했다. 그는 결국 그 자신의 내면의 부름과 접촉하게 된 것이고, 따라서 그를 거기로 '내몰았던' 외적인 요인들을 초월하게 된 것이다.

내 친구는 대학 생활을 지나치게 두려워한 나머지 자신의 두려움을 피하는 방편으로 그의 부모님을 비난했을 것이다. 그런 두려움은 거의 모든 형태의 행동에 나타난다. 그 나무조각가가 "제 마음을 진정시키기 위해 단식을 했습니다"라고 말한 것을 보면 그 역시 두려워하며 일을 시작했음을 알 수 있다. 그가 처음에 군주의 명령을 받았을 때 마음이 크게 흔들렸던 것이다. 나무조각가 이야기가 많은 교훈을 주는 것은 그가 두려움이 없었기 때문이 아니라(그랬다면 우리와 전혀 다른 인물일 것이다), 그의 두려움이 그를 마비시키지 못하게 했기 때문이다. 그 대신 그는 자기가 빠져나올 수 없는 그 두려움 속으로 또 그것을 가로질러 걸어 들어가서 다른 편에서 행동의 자유를 발견했던 것이다.

나무조각가가 그의 자유를 발견한 과정은 내 친구의 경우보다 더 의도적이고 훈련된 것이었지만 근본적으로는 동일하다. 즉, 관조를 통해 우리를 속박하는 환상을 꿰뚫고 우리 내면의 자유를 확보하는 과정이다. 나무조각가의 경우에 그 과정은 단식이라고 불린다. 단식의 문자적인 의미는 물론 음식을 삼가는 것이다. 그것은 생존의 생물학적 충동을 거절하고 먹는 것과 안녕을 연결시키는 사회적 조건화를 무시하는 훈련이다. 사람들은 단식을 통해 몸은 물론이고 영혼까지 독을 씻어내고 건강을 되찾는다고 말한다.

이 이야기는 한동안 음식을 삼감으로써 우리 행동의 초점을 명확히 하라는 권면일 수 있고, 그런 노력을 해본 사람들은 그것이 도움이 된다는 것을 알고 있다. 하지만 장자는 그보다 더 큰 교훈을 염두에 두고 있다. 그는 단식을, 잊어버리는 일과 나란히 놓음으로써 단식의 은유적인 뜻을 펼친다. 그 나무조각가의 관조를 이해하는 열쇠는 그것이 그로 하여금 잊어버리게 하여 온갖 종류의 정신적 '불량 식품'을 삼갈 수 있게 해주었다는 점이다. 거기에는 이득과 성공, 칭찬과 비판, 그리고 심지어는 주나라의 군주와 그의 왕궁까지 포함되어 있다.

그 나무조각가의 진정한 단식은 올바른 행동의 정신을 말살할 수 있는 유독한 미끼를 섭취하고 내면화하기를 적극적으로 거부한 것이다. 그는 물질적인 소득, 더 높은 신분, 비판의 모면, 보장된 칭찬의 유혹을 물리쳤을 뿐 아니라 그의 막강한 고용주인 군주에게 아첨하고픈 유혹까지 저항했다. 그래서 7일 동안 단식을 한 뒤에는 "전하와 왕궁에 대한 모든 생각이 어렴풋해졌습니다. 작업을 방해할 만한 모든 것이 저 멀리 사라졌습니다"라고 말할 수 있었던 것이다.

이는 참으로 찬란한 순간이다. 당신의 보스가 당신에게 "자네는 어떻게 해서 이 작업을 그토록 훌륭하게 해냈는가?" 하고 묻자, 당신이 "솔직히 말씀드리면 저는 사장님이 계시다는 것조차 잊어버렸습니다!"라고 대답한다고 상상해 보라. 모든 차원에서 그 나무조각가는 그의 내면의 진실을 기억하기 위해 외적인 것들을 잊어버리려고 한 것이다.

나는 이 이야기에서 잊어버리는 일이 중심을 차지하고 있다는 사실에 깜짝 놀랐다. 내가 어떤 행동을 취하려고 할 때는 그와 정반대되는 일을 수행하기 때문이다. 내가 무엇을 하고 있고, 왜 그 일을 하는지, 누구를 위해 그것을 하는지, 어떻게 그것을 할 수 있는지, 언제 그것을 해야 하는지, 어떤 결과를 낳아야 하는지 등을 모두 상기하려고 애쓴다. 예를 들면, 내가 학생들을 가르치던 초창기 시절만 해도 강의를 시작하기 전에 중요한 책들을 훑어보고, 강의록을 쓰고 또다시 쓰고, 복습하고 연습하고 기억하는 데 수많은 시간을 투자했다. 그러나 이런 준비 과정을 밟았다고 내가 훌륭한 선생이 된 것은 아니었다. 그로 인해 내 머릿속은 외부에서 끌어온 관념들과 전략들로 가득 차서 학생들에게 제대로 반응하기는커녕 그들의 질문과 관심과 필요에 귀를 기울일 수조차 없었다. 나는 외적인 것들을 지나치게 많이 섭취한 결과, 내 강의는 답답하고 서투르기 짝이 없었다. 다음과 같은 장자의 시에 나오는 궁수와 같이 나는 일을 훌륭하게 해내고 싶은 심정이 매우 절박한 나머지 그것을 망쳐버린 셈이다.

"승부욕"

궁수가 아무것도 바라지 않고 활을 쏠 때는
그의 솜씨를 모두 발휘한다.
궁수가 놋쇠 허리띠를 바라고 활을 쏜다면
그는 이미 초조하다.
궁수가 금상을 바라고 활을 쏜다면
그는 눈이 먼다.
혹은 두 개의 과녁이 보일 것이다

그는 제정신이 아닌 것이다!

그의 솜씨는 변함이 없다.
그러나 상품이 그의 마음을 갈라놓는다.
그는 신경을 쓴다.
그는 활 쏘는 것보다 이기는 것을 더 많이 생각한다
그리고 승부욕이
그의 능력을 앗아간다.[2]

물론 어떤 기술이나 솜씨를 개발하는 과정에는 우리가 배우려고 애쓰는 단계가 있기 마련이므로 우리가 무슨 일을 하고 있는지를 기억할 필요가 있다. 킹이 언제나 대가였던 것은 아니다. 그에게도 어느 조각칼을 사용할지를 심사숙고하고, 지난번 프로젝트를 어떻게 망쳤는지를 상기하여 똑같은 실수를 반복하지 않겠다고 생각했던 시절이 있었다. 그러나 일단 우리가 기술을 습득한 뒤에는 역설적이게도 그것을 잊어버려야 한다. 우리가 어렵게 배운 지식을 억지로 끌어오지 않더라도 필요할 때는 그 지식이 떠오를 것을 신뢰하는 마음으로.

나무조각가가 잊어버리는 일은 마치 메이저리그의 유격수가 기억할 틈도 없이 재빨리 왼편으로 움직여서 땅볼을 잡아내는 것과 같다. 혹은 피아노 협주자가 손가락으로 바흐의 푸가의 빠른 곡조를 처리할 때 기억하느라고 주춤할 여유가 없는 것과 같다. 혹은 노련한 외과의사가 학생들에게 심장절개 수술을 할 때는 "이 동맥을 30초 내에 묶어야 하므로 시간을 십분 활용해야 한다"라고 일러주는 것과 같다. 올바른 행동을 하려면 지식이 필요하지만, 우리가 모든 지식을 기억하려고 애쓴다면 바로 그 지식이 우리의 행동을 마비시킬 수 있다.

그 나무조각가는 자기의 기술과 상황에 관해 알고 있던 것을 잊어버림으로써 역설적이게도 올바른 행동에 가장 중요한 한 가지를 기억할 수 있었다. 바로 그의 내면에 있는 진실, 그 자신의 본성이다. '기억하다'(remember)라는 단어는 문자 그대로 우리 속과 주변의 힘들에 의해 쉽게 찢어지는, 우리와 우리 세계 속에 감춰진 온전성을 다시 묶어낸다는 뜻이다. 나무조각가는 파편화시키는 세력들에 의해 그 자신과 그의 행동이 분할되는(dismember) 것을 허용하지 않았다. 단식과 잊어버림을 통해 이런 일이 일어났다고 그는 말한다. "작업을 방해할 만한 모든 것이 저 멀리 사라졌습니다. 저는 오로지 종받침대에 관한 생각에만 몰두했습니다." 그는 내가 했던 식으로 '생각을 모으기 위해' 노력했다고 말하지 않고, 그 자신이 '몰두되도록' 허용했다고 말한다. 단식과 잊어버림을 통해 그는 그 자신과 그의 세계가 원초적인 결합상태로 다시 모이도록, 올바른 행동에 필수적인 감춰진 온전성으로 다시 묶어지도록 허용했던 것이다.

초월성에 이르는 나무조각가의 길을 금식과 잊어버림보다 더 잘 묘사하는 또 다른 단어가 있다. 그것은 '죽는다'(dying)는 단어다. 단식이 끝나는 마지막 날에 이르자 "저는 손발과 더불어 제 몸을 잊어버렸습니다"라고 킹은 말한다. 그가 우리에게 우리의 몸을 무시하거나 버리라고 말하는 것은 아니라고 생각한다. 자주 금식하는 이들은 전혀 금식하지 않는 사람들보다 자기 몸을 더 잘 보살피기 때문이다. 오히려 킹이 신체적인 개별성을 의식하지 않고 그 자신이 전체에 흡수되도록 허용하는 것을 묘사한다고 생각한다. 이것이 바로 죽음이고, 그래서 우리는 죽음을 두려워하는 것이다. 죽음은 곧 우리의 경계선과 독특성을 상실하고 자아가 멸절되는 것이다. 이런 두려움 때문에 우리는 우리의 개체성을 증명하려고 발버둥치고, 그 과정에서 역효과가 나서 우리와 우리의 세계를 갈라놓고 감춰진 온전성을 파괴하게 되는 것이다.

죽음에 대한 두려움은 나무조각가의 마음속에 늘 있었던 것이 분명하다. 그의 작업을 유발한 그 명령이 막강한 군주의 암묵적인 협박을 수반하고 있었기 때문이다. 그런데 아무도 죽음에서 벗어날 수 없다는 것을 안 그 나무조각가는 스스로 죽음 속으로 걸어 들어감으로써 그의 두려움에 대처한다. 그는 금식과 잊어버림을 통해 우리가 흔히 생존에 필요하다고 생각하는 외부의 자원들없이 지낸다. 그 과정에서 진정한 삶에 필요한 내적인 자원을 발견한다. 그는 감춰진 온전성과 다시 결합하게 되는 것이다. 그리고 탁월한 아름다움을 지닌 작품을 창조하는 것이다. 이 모든 일은 군주의 고압적이고 위협적인 명령과 함께 시작되었다. 만일 우리가 우리의 활동을 자주 제한하고 왜곡하는 동기와 상황을 초월하고 싶다면, 우리도 나름의 금식과 잊어버림과 죽음 속으로 들어가야 할 것이다.

기술과 재능

행동에 필요한 '기술'은 나무조각가의 초월적인 행동의 두 번째 요소이다. 킹은 '나무 조각의 대가', 곧 상당한 기간 동안 열심히 일해야만 도달할 수 있는 지위를 획득한 명인이다. 그는 기술을 습득하는 데 수많은 시간과 에너지를 투자한 만큼 그의 전문기술을 부정적인 의미로 이용하고픈 유혹을 받았을지 모른다. 이는 자기의 목적을 달성하기 위해 억지로 무언가를 혹은 누군가를 노예로 삼는 과정을 말한다. 킹은 자기가 모든 것을 알고 있다고 믿고, 오랜 기간의 경험이 자기에게 완벽한 종받침대를 구상해서 그 비전을 나무에 억지로 각인시킬 권한을 부여했다고 생각하고픈 유혹을 느꼈음에 틀림없다. 어쨌든 그런 전문가의 지위와 권한을 얻기 위해 얼마나 노력했던가! 그런즉 그가 원하는 대로 무엇이든 해서는 안 될 이유가 있을까?

이 이야기를 읽어보면 킹이 일종의 과찬에 둘러싸여 자신을 과대평가할 위험이 있었음을 감지할 수 있다. "그가 만든 것을 본 사람들은 모두 깜짝 놀랐다. 그것은 신령의 작품이 틀림없다며 크게 감탄했다." 아울러 킹의 고용주인 주나라 군주는 그에게 "자네의 비법이 무엇인가?" 하고 물었기 때문에 나무조각가는 우월감을 품기에 충분한 상황이었다.

그런데도 나무조각가는 그럴 생각이 전혀 없었다. 그는 깊은 자아인식에서만 나올 수 있는 솔직한 태도로 "저는 한갓 장인일 뿐입니다. 어떤 비법도 없습니다"라고 응답함으로써 그 모든 칭찬을 피한다. 그는 한 인간의 작품일 뿐이라고 주장하며 그것에 신비한 옷을 입히기를 거부한다.

이 솔직한 나무조각가는 우리 시대의 일부 '대가들', 곧 자기가 하는 일과 일의 방식에 신비로운 옷을 입혀 대중을 현혹하여 승승장구하는 인물들과 얼마나 다른지 모른다. 일부 전문가들은 마치 비법이 있는 것처럼 가장하고 그것을 잘 간수함으로써 일반인이 자기네를 따라하지 못하게 하여 그들의 시장을 보호하려고 애쓴다. 그러나 킹은 자신의 전문기술을 과장하여 다른 사람들이 그의 기술을 발견하지 못하게 막을 필요가 없었다.

그러면 문제는, 왜 그토록 많은 사람이 전문가에게 현혹당하고 싶은가 하는 것이다. 왜 킹의 주변 사람들이 그의 종반침대를 보고 인간의 작품이 아니라 "신령의 작품이 틀림없다"고 확신했는가? 왜 주나라의 군주는 킹에게 그의 재능과 열심을 인정하기보다 그의 '비법'을 물었는가?

어쩌면 질투심이 작동하고 있을지 모른다. 어쩌면 사람들과 군주의 작업이 킹의 작업보다 너무 형편없어서 그들이 킹을 정당하게 인정하기 싫어할 수도 있다. 아니, 어쩌면 그런 반응을 보인 더 깊은 이유는 질투심이 아니라 두려움일지도 모른다. 킹의 활동에 영적이고 신비로운 옷을 입혀서 그로부터 거리를 두고, 인간의 작품일 때 따르는 도전을 회피하고 싶을 것이다. 만일 그들이 비법이라고는 전혀 없는 인물, "저는 한갓 장인일 뿐입니다"라고 말하는 킹의 생각을 그대로 받아들인다면(킹은 그들이 그러기를 바란다), 그들은 자신의 활동적인 삶을 반성하고 새로운 활력을 되찾아야 했을 것이다. 그 대신 그들은 종반침대를 킹의 고된 노력과 충실한 재능 발휘가 아닌 다른 것의 덕분으로 돌림으로써 스스로 곤경에서 벗어나고 있다.

오늘날에도 이런 식으로 우리가 행하는 모든 선행을 '성령'의 사역으로 돌리는 잘못된 영성이 있다. 이런 언어의 배후에는 우리의 행위를 우리 자신의 것으로 주장하는 것을 이기적으로 보는 생각이 숨어 있다. 그러나 진정한 영성은 우리가 받은 재능으로 세계를 함께 창조하려는 우리의 바람과 역량을 기뻐할 것이다.

내 경험으로 보면, 자신의 창조능력에 대해 우월감을 누리기보다는 무능력감에 시달리는 사람이 더 많은 것 같다. 오늘날은 아주 많은 사람이 걸작을 만들 능력이 없다고 생각하는 시대인 만큼 이 나무조각가의 이야기가 전혀 와 닿지 않을 수 있다. '나는 특별한 기술이 없다. 나는 아무것도 섭렵하지 못했다. 그런즉 이 옛날 이야기가 내 삶과 무슨 상관이 있는가? 나로서는 무슨 일을 하든 그 종받침대의 아름다움에 도달할 수 없다.'

이런 식으로 생각하는 사람에게 좋은 소식이 있다. 그런데 이 좋은 소식은 군주와 백성이 회피하려고 했던 바로 그 도전을 담고 있다. 각 사람은 완전한 기술이 될 수 있는 어떤 종류의 재능, 적성 내지는 천성과 함께 태어난다는 것. 우리는 우리의 재능을 있는 그대로 보지 못할 수 있다. 설사 재능을 보았더라도 그것과 그에 따른 결과를 수용하지 않을 수도 있다. 혹은 우리의 재능은 우리의 것으로 수용했지만, 그것을 개발하는 데 필요한 노력을 마다할 수도 있다. 그러나 어떤 식으로 회피하든지 그 재능이 우리의 것이란 사실은 바뀔 수 없다. 우리 각자는 어떤 일의 대가이고, 온전히 살아 있다는 것은 우리의 타고난 능력을 발견하고 개발하는 것을 의미한다.

우리의 천부적 재능을 분별하는 일은 여러 이유로 무척 어렵다. 우리 문화는 재능과 같은 것은 아예 없고 무엇이든지 노력해서 획득

해야 한다고 말한다. 인종차별, 성차별, 연령차별 같은 사회적 세력은 우리에게 초라한 자아상을 심어준다. 다양한 내면의 병리는 이런 이미지가 파괴적인 영향을 미치는데도 그것을 수용하게 만들 수 있다. 하지만 우리의 천부적 재능의 분별을 가장 방해하는 은밀한 걸림돌은 그 재능 자체 속에 있다. 즉, 그런 재능은 우리의 중심을 차지하고 우리의 정체성에 불가결한 것이어서, 우리는 그것을 당연시하여 우리에게 부여된 통달력(通達力)을 전혀 인식하지 못할 수 있다는 말이다.

우리가 잘 인식하고 있는 기술은 상당한 재정적 대가를 치르면서 오랜 공부와 연습으로 획득하게 된 것이다. 이런 기술은 많은 노력을 기울여서 획득했고 그것을 활용하는 데도 많은 노력이 필요하기 때문에 우리가 그것을 소유하고 있음을 뚜렷이 인식하고 있는 것이다. 그런데 아이러니하게도, 이런 자의식적인 기술은 우리의 대표적인 강점이 아닐 경우가 많다. 만일 강점이라면 그만큼 노력을 기울일 필요가 없을 것이다. 그런데도 우리는 그런 기술을 강점으로 여기며 우리의 정체성과 경력의 토대로 삼곤 한다. 하지만 사실은 불안하고 불확실한 토대이다. 다른 한편, 우리의 타고난 재능은 사용되지 않아서 쇠약해지거나 부지불식간에 무의식적으로 사용될 뿐이다.

이처럼 우리 자신을 우리의 천부적 재능이 아닌 획득한 기술과 동일시하는 성향은 결코 에고(ego)의 바람직한 습관이 아니다. 어떤 기술을 소중하게 여기는 것도 에고이고, 그런 기술을 개발하려고 노력을 기울이는 것도 에고이며, 그런 기술을 획득한 다음 그것을 조작하고 마케팅하는 것도 에고이다. 에고의 정체성은 이런 기술 개발에 지나치게 큰 투자를 했기 때문에 에고에게 소유권이나 통제권이 없는 훈련되지 않은 천부적 재능은 인정하길 싫어한다. 에고가 획득의 수고를 하지 않은 재능이 우리에게 있다는 사실 자체가 에고를 위협하는 만큼, 에고는 자신의 승인이 없이는 아무것도 생길 수 없다고 간절히 믿고 싶어 한다. 사실 에고는 자신의 지위를 지나치게 고집한 나머지 우리의 재능에 의해 겸손해지지 않고 조만간에 우리를 위축시킬 것이다. 만일 우리가 공식적인 훈련을 받지 못했고 우리에게 획득한 기술이 없다면, 에고는 우리의 천부적 재능을 인정하기보다 우리를 무능한 존재로 취급할 것이다.

우리가 인생을 풍성하게 살려면 에고의 힘이 필요하다. 그런데 역설적인 진리는, 우리의 재능을 알 때 생기는 힘을 얻으려면 우리의 삶을 지배하려는 에고의 돌진을 저지해야 한다는 것이다. 나무조각가는 에고의 그릇된 요구에 대해 금식과 잊어버림과 죽음으로 싸웠다. 그 과정에서 그는 에고의 자기기만을 꿰뚫고 자기 자신과 자기의 재능과 주변 현실과의 관계에 관한 진실, 행동에 필요한 기술 속에 내재된 함정들을 초월하게 해주는 진실에 도달했던 것이다.

그 나무조각가의 천부적 재능, 곧 숙련된 기술로 조각의 도구들을 활용하는 역량이 금방 눈에 띄지 않았을 수도 있다는 점을 인식할 필요가 있다. 비록 그가 나무조각에게 필요한 손재주를 타고났다고 할지라도, 그런 도구들을 다루는 기술을 완성하는 데는 많은 시간이 들었을 것이다. 이 이야기를 면밀히 읽어보면 그 나무조각가가 대가가 되는 데 필요한 다른 여러 재능들도 갖고 있었다는 것을 알 수 있다. 이를테면, 통찰력이 생길 때까지 끈기 있게 기다리는 역량, 압력을 받으면서도 위험을 감수하는 역량, 사람들이 듣고 싶지 않을지라도 진실을 말하는 역량 등이다. 이 가운데 어느 것이든 그의 타고난 재능일 수 있고, 그런 재능이 없이 기술적 능력만 있었다면 그는 평범한 장인에 불과했을 것이다.

그러므로 우리가 우리 자신의 타고난 재능들을 찾을 때는 그것들을 우리 사회가 기술이라고 부르는 테크닉과 동일시하면 안 된다. 우리의 재능은 타인에 대한 진정한 관심, 남을 배려하는 태도, 아름다움을 알아보는 눈, 리듬과 소리를 좋아하는 성향 등 단순한 것일 수 있다. 하지만 우리가 숙련도 개발에 필요한 내적 및 외적 노력을 기꺼이 기울이려고 한다면, 이런 단순한 재능 속에서 소명의 씨앗을 발견할 수 있다.

어떤 독자들은 각 사람이 어떤 재능, 어떤 통달력을 갖고 태어난다는 주장을 의심할지도 모르겠다. 사람은 훈련이 없이는 무능한 존재라고 말하는 에고나 문화의 영향을 받았기 때문에 우리 모두가 태어날 때 전문성을 부여받았다는 말이 얼토당토않은 소리로 들릴 것이다. 나로서는 이 진리를 직관하지 못하는 사람들에게 결정적인 증거를 제공할 수는 없지만, 그것을 지지하는 몇 가지 증거는 제시할 수 있다.

지난 10년에 걸쳐 진로 탐색과 관련하여 심층 심리학의 통찰에서 끌어온 새로운 접근이 등장했다.[3] 이 접근은 사람들에게 그들의 자격증이 아니라 "나의 주된 재능과 능력은 무엇인가?"라는 질문과 함께 시작하라고 격려한다. 이 질문에 다양하게 답할 수 있지만, 많은 진로 상담사들은 사람들에게 어린 시절의 이야기를 쓰도록 권한다. 일부 사람들은 어린 시절에 어떻게 시간을 보냈는지, 무슨 일이 즐거웠는지, 무엇을 싫어했는지 등의 질문에 고개를 갸우뚱한다. 이런 정보가 어떻게 시장에 내놓을 수 있는 기술을 발견하는 데 도움이 될 수 있을까?

그렇게 하는 목적은 먼저 에고를 우회하고, 에고의 이미지와 요구보다 타고난 성향에 근거하여 행동했던 시절로 되돌아가는 것이다. 우리의 진정한 재능을 발견하는 가장 강력한 실마리는 우리가 외부의 가치관이나 기대에 아랑곳하지 않고 마음껏 말하고 행동하고 느꼈던 어린 시절 속에 깊이 묻혀 있다. 나이가 들면서 다양한 사회적 압력이 우리를 우리의 천부적 재능에서 멀어지게 하고, 그 결과 개인적으로나 직업적으로 욕구불만에 시달리게 된다. 그러나 우리는 순수한 어린 시절에 우리의 흥미를 자극했던 활동들을 상기함으로써 우리 나름의 통달력을 발견할 수 있다.

타자

그 나무조각가의 초월적인 행동의 세 번째 요소는 '타자'와의 관계이다. 이 나무조각가의 경우, 타자는 자기가 다듬는 나무이다. 하지만 모든 형태의 행동은 타자를 내포한다. 선생에게는 학생이고, 의사에게는 환자이고, 배관공에게는 파이프이고, 부모에게는 자녀이며, 작가에게는 글이다. 각 행동에는 행위자가 제휴하는 타자, 그 행동이 부분적으로 의존하는 타자가 존재한다.

나무조각가와 나무의 관계는 물론 우리 사회와 물리적 세계의 관계와는 다르다. 우리 눈에 비치는 세계는 그 가치가 우리의 변형작업에 거의 의존해 있는 원재료로 구성되어 있다. 그러나 이 나무조각가는 나무 자체를 귀중히 여긴다. 그는 나무가 그 자신과 마찬가지로 나름의 정체성과 온전성을 갖고 있다는 것을 안다. 그의 작업이 진실성을 띠려면 나무의 본질을 분별하고 그에 충실해야 한다는 것을 안다. 우리는 천 그루의 나무를 쓰러뜨려서 천 개의 동일한 종받침대를 만들지만, 이 나무조각가는 "나무 속의 감춰진 가능성"을 나타내는 특정한 "이 나무"와의 "생생한 만남" 속으로 들어간다. 그런즉 이 이야기에서 그 행동은 나무조각가에게만 속한 것이 아니다. 그것은 행위자와 타자 간의 역동적인 만남에서 나오는 공동행위이고, 그로부터 나오는 종받침대는 분명히 공동의 창조물이다.

장자는 모든 것을 그냥 내버려두는 것, 자연을 그대로 내버려두는 것이 유일하게 올바른 행동이라고 말하는 낭만주의자가 아니다. 나무조각가는 나무를 존중함에도 불구하고 그것을 잘라내어 다듬는다. 종받침대를 만들어야 하니까. 하지만 장자는 이런 현실주의를 견지하면서도 우리의 행동이 풍성해지려면 타자의 본질을 알고 또 경외해야 한다고 주장한다. 이는 오늘과 같은 기술사회가 가장 소중히 여기는, 파괴적인 한 가지 신화를 포기하는 것을 의미한다. 그것은 모든 것은 유연하고 변형성이 있어서 우리가 원하는 어떤 모양으로도 만들 수 있다는 신화이다. 이것은 우리 삶의 거의 모든 부문에서 작동하고 있는 신화이다.

당신의 몸이 지겨운가? 당신에게 완전히 새로운 외모를 선사하겠다고 약속하는 다이어트 프로그램이나 운동 프로그램이 있다. 당신의 성격이 지겨운가? 당신을 새로운 사람으로 만들어 주겠다고 나서는 치료법이 있다. 정처 없이 구불구불 흘러가는 저 강이 지겨운가? 그것을 댐으로 막아 호수를 만들고 수력을 생산하고 강변에 리

조트를 건설하는 등 횡재를 약속하는 테크놀로지가 있다. 우쭐대는 타 문화의 위협을 받는 등 문화들 간의 차이점이 지겨운가? 그 문화들을 우리의 것과 똑같이 만들어 주겠다고 약속하는 군사적·경제적 혹은 정치적 개입이 있다.

그런데 이런 것들은 타자와 우리 자신에게 폭력만 몰고 오는 그릇되고 파괴적인 약속들이다. 올바른 행동은 타자의 본질에 대한 지식을 필요로 한다. 즉, 타자의 잠재성과 한계, 타자가 할 수 있는 일과 할 수 없는 일에 대한 지식이 필요하다. 좋은 농부는 토질을 안다. 토양을 고갈시키지 않을 만큼 알고 있다. 좋은 선생은 학생들의 본성을 안다. 그들을 낙담시키지 않을 만큼 알고 있다. 좋은 기계공은 기계의 속성을 안다. 그것을 손상시키지 않을 만큼 알고 있다. 좋은 작가는 글의 속성을 안다. 글을 너무 늘어지게 해서 엉망으로 만들지 않을 만큼 알고 있다. 우리는 이런 지식과 함께 타자의 한계를 존중하는 한편 타자와 우리 자신을 왜곡하지 않으면서 타자가 그 잠재력을 실현하도록 도울 수 있다.

우리가 타자의 본성을 침해할 때는 우리 자신도 침해하기 마련이다. 적어도 우리가 몸담고 있는 환경을 황폐하게 한다. 우리가 엉뚱한 곳에 댐을 건설할 때는 아름다움을 파괴하고 생태계를 손상시켜서 우리 자신의 삶을 위축시킨다. 우리가 외국에 대해 군사적 '해결책'을 실행할 때는 이 세상을 우리 자신과 후손들에게 더 위험한 장소로 만들게 된다. 우리가 우리의 가치관을 학생들이나 자녀들에게 강요할 때는 우리 자신의 영혼을 좀먹는 적대적인 환경을 조성하게 된다.

안타깝게도 이와 같은 파괴적인 행동들은 악순환을 통해 영속적으로 이어지곤 한다. 적대감과 함께 자란 어른들은 젊은이에게 적대적인 성향을 띈다. 자기 문화의 폭력에 피해를 입은 사람들은 다른 문화에 속한 이들에게 피해를 입히곤 한다. 땅에서 편안함을 누리지 못하는 자들은 땅을 혹사하는 경향이 있다. 그러므로 타자를 알고 돌보는 행동의 열쇠는 우리 자신을 알고 돌보는 것이다.

그 나무조각가가 나무와 풍성한 관계를 맺게 된 것은 바로 그 자신을 아는 일을 통해서 일어난 것이다. 그는 나무의 외적 속성에 대한 과학적인 연구를 수행함으로써 자기의 작업을 준비한 것이 아니었다. 물론 오랜 기간에 걸친 나무 깎는 작업이 그에게 나무에 관한 지식을 선사했지만 말이다. 그는 그 자신의 진실과 접촉하기 위해 그 자신 속으로 들어감으로써, 자기를 사로잡은 환상들(가령 성공과 실패에 관한 환상)을 꿰뚫음으로써 준비했다. 그가 내면에서 발견한 것은 자기의 계획을 나무에 강요하려는 에고가 아니라, 자신이 군주, 사람들, 그 나무, 당면 과제와 맺는 올바른 관계 등 사물의 구조에서 자신의 올바른 위치를 추구하는 자아였다. 이것이 바로 올바른 행동의 "생생한 만남"이란 것이다. 말하자면, 모든 외적인 모습과 기대를 관통하는, 행위자의 내면의 진실과 타자의 내면의 진실 간의 만남이다. 만일 행위자가 자신을 잘 모른다면 이런 생생한 만남은 있을 수 없고, 그 행동은 외적인 것들에 갇히고 말 것이다.

예를 들면, 우리는 학교에서 학생들을 변화시키지 못하는 엉성한 가르침을 이따금 접하곤 하는데, 한 가지 이유는 교사들이 막연한 두려움에 마비되기 때문이다. 그들은 청소년의 비웃음, 자신의 무지의 노출, 세대 간의 갈등, 통제력의 상실 등을 두려워한다. 이런 교사들이 사용하는 권위주의적인 방법, 학생들과 선생들과 과목들 사이에 엄청난 거리를 조장하는 방법은 그런 두려움을 견제하려는 무의식적인 노력이다. 이런 교사들이 자신과 자신의 두려움을 더 잘 안다면, 그 가르침이 그들의 자아인식에서 나와 배우는 경험을 다시 한 번 생생한 만남으로 만들 것이다.

어떤 사람들은 나무조각가의 이야기에서 하나의 문제점을 발견한다. 거기에 나오는 나무는 잘리고 깎이는 것을 저항하지 않았지만, 우리 대부분은 끊임없이 저항하는 사람들과 시스템과 함께 일한다는 것이다. 이 비평가들은, 만일 그 나무가 말을 할 수 있었다면 잘리고 깎여서 종받침대가 되는 것에 동의했겠느냐고 의문을 제기한다. 만일 그 나무가 반격할 수 있는 살아 있는 물체였다면 그 나무조각가가 어떻게 대처했을지 그들은 의아해한다.

물론 타자가 다루기 힘든 조직이나 까다로운 자녀였더라면, 이 이야기는 우리에게 더 큰 충격을 주었을 것이다. 그러나 나무를 갖고 일한 적이 있는 사람은 누구나 그것이 벙어리가 아니고 목소리와 의지와 본성을 갖고 있다는 사실을 안다. 물론 이 이야기가 이 사실을 명시적으로 말하진 않는다. 그러나 유성음은 없었지만 킹은 그 나무의 목소리에 귀기울이고 반응하면서 공동의 언어로 대화를 나누었음에 틀림없다. 만일 킹이 그 나무가 그에게 종반침대가 되고 싶은지, 또 어떤 종반침대가 되고 싶은지를 말하도록 허용하지 않았더라면, 그처럼 뛰어난 아름다움을 지닌 작품은 탄생할 수 없었을 것이다.

문제는, 킹이 생생한 만남에 내포될 소지가 많은 그런 잘못된 소통, 저항, 모순, 갈등의 순간을 어떻게 처리했는가 하는 것이다. 그리고 우리는 어떻게 처리하는가? 이에 대한 답변은 장자의 이야기, "소를 자르다"에서 찾을 수 있다. 이는 킹만큼이나 자기 분야에서 뛰어난 기술을 가진 어느 백정에 관한 이야기다. 이 백정은 같은 칼을 19년이나 사용해 왔다. "이 칼로 천 마리의 소를 썰어왔다. 칼날은 새로 간 칼날만큼 날카롭다." 이 소리를 들은 백정의 주인, 안희왕은 어떻게 그 많은 고기를 썰었는데도 칼날이 무뎌지지 않았느냐고 물었다. 이에 백정은 이렇게 대답한다.

"관절 사이에는 공간이 있습니다.

칼날은 가늘고 예리합니다.

이 가는 칼날이 그 공간을 찾아내면

거기에 당신에게 필요한 틈이 있습니다!

그러면 일이 손쉽게 진행되지요!

이렇게 해서 저는 이 칼을 19년 동안 새로 간 것처럼

유지할 수 있었습니다!"

"물론 때로는 단단한 관절도 있습니다.

나는 그것을 직감하고,

천천히 썰면서, 면밀히 관찰하고,

자제하고, 칼을 거의 움직이지 않습니다.

그러면 쩍! 하고

그 덩어리가 마치 흙덩이가 떨어지듯 갈라집니다."

"그때 저는 칼날을 치우고 가만히 서 있습니다.

그리고 이 일의 즐거움을 만끽합니다.

이어서 칼날을 깨끗이 씻어서

치워놓습니다."

이를 들은 안희 왕은 무릎을 치며

"바로 이것이야!

내 요리사가 나에게

내 삶을 어떻게 살아야 할지를 보여주었어!"라고 말했다.[4]

우리가 저항하는 타자를 직면할 때는 이 백정이 단단한 관절에 대처하듯이 반응할 수 있다. 그는 천천히 썰면서, 면밀히 관찰하고, 자제하고, 거의 움직이지 않는다. 그는 타자의 참본성을 분별하려는 일종의 관조적인 행동, 즉 힘으로 자기 목표를 달성하려고 하지 않는 행동을 취한다. 백정이 소를 자르는 것은 사실이지만 그의 행동은 본질적으로 비폭력적이다. 이는 간디가 인도에서 대영제국을 해부한 행동과 다르지 않다.

그 백정이 행동 전후에 보인 태도에서 우리 자신의 행동을 위한 실마리도 찾을 수 있다. 백정은 "관절 사이에는 공간이 있다"는 분명한 시각, 자기가 폭력으로 압도할 필요가 있는 침투 불가능한 덩어리를 다루고 있지 않다는 사실과 함께 시작한다. 이런 '공간'은 각 사람, 각 시스템, 각 문제점 속에 있고, 그것을 보는 눈이 온갖 올바른 행동의 필수요소이다. 이 백정은 칼날을 거두고, 가만히 서서 그 일의 즐거움을 만끽하는 것으로 끝난다. 그는 생생한 만남을 가능케 하는 경외심, 자아와 타자와 공동 창조의 춤에 대한 경외심을 나타낸다.

결과

　나무조각가의 초월적인 행동의 네 번째 요소는 '결과'이다. 그런데 결과에 대한 강박증은 활동적인 삶의 다른 어느 요소보다 더 우리의 행동을 망가뜨릴 것이다. 우리는 행동을 그 자체를 위해 살아내는 하나의 경험보다 어떤 목적을 위한 수단으로 생각할 때가 아주 많다. 그래서 그 목적이 달성되지 않으면 그 행동을 실패로 간주한다. 게다가 우리는 행동을 시작하기 전에 그 목적을 분명히 염두에 두어야 하고, 행동의 각 단계는 모두 그 목적과 논리적 연관성을 지녀야 한다고 믿는다. 그렇지 않으면 어떻게 성과를 거둘 수 있겠는가? 어떻게 무슨 일이 일어나게 '만들' 수 있겠는가? 그러나 장자는 수단과 목적의 엄격한 논리는 평범한 것을 낳거나 그보다 못한 것을 낳을 수 있다고 생각한다. 만일 그 나무조각가가 이런 식으로 행했다면 결코 그처럼 우아한 종받침대를 만들 수 없었을 것이다.

　물론 다르게 행하는 일은 어렵지만, 경직되게 결과만 추구하는 행동이 안고 있는 치명적인 문제는 쉽게 묘사할 수 있다. 우리가 어떤 결과를 상상하는 데 많은 시간과 에너지를 투자하면, 그 이미지가 실제로 일어나는 일보다 더 생생하게 우리에게 다가온다. 우리는 그 행동이 낳는 실마리들, 수단과 목적 자체를 이해하는 실마리들, 우리가 실제로 일어나는 일과 접촉을 유지하는 데 필요한 흐름이나 속도나 방식의 변화를 요구하는 실마리들을 보지 못하게 된다. 우리는 올바른 행동은 힘으로 강요할 수 없는 것이고 오히려 그저 따라야 할 출생의 과정이란 사실을 무시한다. 물론 우리가 행동의 흐름과 그로부터 나오는 것에 어느 정도의 영향력은 행사할 수 있다. 그러나 결과는 행위자, 타자 그리고 행동의 배경 간의 미묘한 상호작용에서 생기는 것인 만큼 우리가 도무지 예측할 수 없는 것이다.

(한 가지 예를 들자면) 오늘날 교사들은 훗날 '실적'을 측정하기 위해 수업이 시작되기 한참 전에 상세한 '학습 목표'를 세워야 하는 처지에 있다. 그들을 생각하면 안쓰러운 마음이 든다. 학생들도 안쓰럽기는 마찬가지다. 사실 배워야 할 내용의 이미지를 미리 그리는 교육은 교육적일 수 없다. 진정한 가르침과 배움은 뜻밖의 것과의 생생한 만남, 긴장과 놀람의 요소, 발생할 때까지는 우리가 알 수 없는 것에 대한 환기를 필요로 한다. 그런데 이런 요소들이 없다면, 우리는 학생들을 교육하는 게 아니라 훈련하거나 세뇌하고 있는 것인지 모른다. 어떤 행동의 영역이든지—자녀 양육, 상담, 기계 수리, 책 집필 등—올바른 행동은 특정한 결과에 대한 이미지를 내려놓고 우리 자신과 타자와 모험 자체의 유기적 현실을 바라보는 것에 달려 있다.

그러나 이렇게 하려면 다시금 우리의 두려움을 직면하는 일이 필요하다. 우리가 결과를 상상하고 우리의 행동을 거기에 맞춰야겠다고 생각하는 강박증은 타자와 상황을 통제하려는 욕구와 다름없다. 우리의 통제욕구 배후에는 우리가 통제권을 상실할 때 생길 일에 대한 두려움이 있기 때문이다. 만일 우리에게 인생은 신뢰할 만하고, 생생한 만남이 있는 삶은 우리를 온전하게 만들 것이라는 믿음이 없다면, 우리는 영원히 조작하고픈 욕구를 느낄 터이고, 목표 설정이 우리의 주요 전략의 하나가 될 것이다. 반면에 인생은, 우리가 좋든 싫든, 생생한 만남이란 것을 보기 시작하면—우리는 거기서 나올 수 없으므로 거기로 들어가야 한다는 것을 깨닫기 시작하면—결과에 대한 염려는 우리의 활동적인 삶에서 제자리를 차지할 것이다. 이 세상에 사는 한 결과에 대한 염려에서 결코 자유로울 수는 없겠지만, 우리는 그 나무조각가가 했던 것처럼 그런 염려를 초월하고 변화시킬 수 있다.

아이러니하게도, 우리 문화의 결과에 대한 강박증은 위대한 목적을 버리고 하찮고 시시한 목적에 안주하게 만들었다. 이유는 간단하다. 이른바 '실적'이 행동을 평가하는 궁극적 기준인 한, 우리는 우리가 확실히 달성할 수 있는 목적을 위해서만 행동할 것이다. 실적이라는 것은 단기적인 결과에 의해 평가되는 것인 만큼, 정말로 폭과 깊이가 있는 프로젝트를 떠맡는 사람들은 '실적'을 올릴 가능성이 별로 없다. (이런 사람들이 '실패'로 인해 오히려 문화적 유산을 창조할 수 있다는 사실은 패념치 않는다.) 반면에 자그마한 비전을 품은 사람들은 실적 상(賞)

을 받을 터인데, 그런 프로젝트는 매우 하찮아서 그들이 언제나 '성공할' 수 있기 때문이다. (그들이 공동선에 아무 기여도 하지 못한다는 사실은 꽤 넘치 않는다.)

우리가 부름을 받은 위대한 일, 우리가 영혼을 잃을까 봐 피하는 위대한 일은 바로 우리가 '실적'을 쌓을 수 없는 일을 뜻한다. 다름 아니라, 다른 이들을 사랑하는 일, 불의에 대항하는 일, 슬픈 자를 위로하는 일, 전쟁을 끝내는 일과 같은 것이다. 이런 일에는 '실적'이 있을 수 없고, 오로지 열심히 하겠다는 헌신만 있을 뿐이다. 만일 이런 일을 측정 가능한 결과의 기준으로 평가한다면, 그 결과는 오직 패배와 절망뿐일 것이다.

뉴욕 시의 가난한 자를 섬기는 '가톨릭일꾼' 공동체에서 여러 해 동안 일한 친구와 나누었던 대화가 생각난다. 그녀는 그 공동체에서 끊임없이 밀려드는 파도와 같은 불행에 응답하려고 날마다 애쓴다. 나는 아무것도 모른 채, 어떻게 아무런 결과도 보이지 않는 일, 문제가 나아지기는커녕 더 나빠지는 일을 계속할 수 있느냐고 그녀에게 물었다. 그녀의 수수께끼 같은 답변은 결코 잊을 수 없다. "파커, 당신이 이해하지 못하는 점은 어떤 일이 불가능하다고 해서 당신이 하면 안 된다는 법은 없다는 것입니다!"

또 다른 친구 한 명은 생애 대부분을 정의와 평화의 행동으로 미친 전쟁에 대항하는 일에 헌신했다. 그는 개인적인 삶에서 폭력의 씨앗을 파내는 일부터 과세가 면제되는 수준의 가난한 삶을 영위하는 일까지 모든 것을 해보았다. 그가 자기 이름으로 소유한 것이 있으면 정부가 체불 세금을 추징할 것이므로 아무것도 갖지 않았다. 그리고 수십 년 동안 정부에 '냈어야' 할 세금은 물론 그 이상의 돈을 평화와 정의를 위한 프로젝트들에 기부했다.

그는 자신의 노력을 보여줄 만한 어떤 결과를 갖고 있는가? 그는 실적이 있었는가? 거의 없다. 적어도 일반적인 계산법에 의거한 실적은 없다. 그가 그동안 평화에 헌신해 온 기간은 전쟁과 전쟁의 소문이 꾸준히 증가했던 기간이었다. 그런데 그는 어떻게 건강과 맨정신을 유지할 수 있을까? 어떻게 이런 활동적인 삶에 계속 헌신할 수 있을까? 그의 답변은 가톨릭일꾼에서 일하는 내 친구의 답변을 완성시켜 준다. "나는 얼마나 실적을 올리고 있는지 자문한 적이 한 번도 없고, 내가 신실한지 여부만 물어왔다." 그는 자기의 행동을 어떤 결과에 따라 평가하지 않고 자신의 소명과 정체성에 대한 충실도에 따라 판단하는 것이다.

다시 말하건대, 그렇다고 결과가 아무 상관이 없다는 것은 아니다. 우리가 결과에 대해 신경을 쓰는 일은 정당하다. 우리는 결과와 함께 살아야 하고, 결과에 책임지는 일은 올바른 행동의 일부이다. 그러나 결과를 행동의 일차적인 척도로 삼는 일은 공허함과 어리석음에 이르는 지름길이다. 가치 있는 행동을 하도록 우리를 인도하고 지탱할 수 있는 유일한 기준은 그 행동이 과연 우리 내면의 본성을 포함한 현실 상황에 부합하는지 여부이다.

물론 하나의 역설은 그런 신실한 행동이 실제로 열매를 맺는다는 점이다. 가톨릭일꾼 및 평화 운동에 몸담은 내 친구들이 정의롭고 전쟁 없는 세상을 이룩하지는 못했지만, 나를 비롯한 여러 사람에게 영향을 미쳐서 그런 비전과 함께 신실하게 살 수 있는 길을 모색하게 했다. 신실한 행동에 따르는 결과는 예측할 수는 없지만 분명히 발생하기 마련이다. 신실한 행동은 바로 사물의 본질에 충실한 행동이기 때문이고, 우리가 유기적으로 행동할 때는 우리의 행동이 그 유기체에 어떤 결과를 미치는 법이다. 우리의 행동이 두려움, 통제욕구, 이상적인 환상, 주변의 실망스런 현실 등에서 자유로울 경우에는 더 건전하고 더욱 온전한 결과를 낳기 마련이다.

그 나무조각가는 분명 종받침대를 공동으로 창조하고 싶었다. 그렇지 않았다면 그토록 공을 들이지 않았을 것이다. 하지만 그는 결과에 집착하지 않고 진실에 귀를 기울이되 아무런 결과가 없을 것까지 감수할 정도로 그랬다. "제가 바로 이 나무를 만나지 못했다면 종받침대는 존재하지 못했을 것입니다." 물론 그 나무조각가와 나의 신실한 친구들은 딱 맞는 나무를 만나지 못하더라도 결코 빈손으로 끝나진 않을 것이다. 끝으로, 그들이 정교하게 만들고 있는 것은 종받침대나 정의나 평화가 아니다. 그들은 그들 자신을 만들고 있는

중이다. 그리고 현재 생성되고 있는 그들 자신이 이 세상에 평화와
정의와 아름다움을 증진하는 데에 가장 훌륭한 기여가 된다.

"천사":
행동, 실패, 고통

5장

천사들이 밟기 두려워하는 땅

이 장에 나오는 이야기는 위대한 유대인 철학자요 이야기꾼인 마르틴 부버에게서 온 것이다. 이 이야기는 장자의 세계와는 전혀 다른 세계를 반영한다. 부버가 18세기와 19세기에 동유럽에 살았던 유대교 하시디즘파의 한 선생, 라이지너 랍비에서 비롯된 구전을 바탕으로 쓴 것이며, 그 파의 가르침은 저 멀리 탈무드 시대까지 거슬러 올라간다.[1]

우리가 이 이야기에서 무언가를 배우려면 그 배경이 되는 유대인의 경험과 그 이야기를 채색하는 하시디즘의 감수성을 상기할 필요가 있다. 처음부터 유대인은 고난과 대학살을 직면하며 "왜?"라는 절박한 질문과 계속 씨름하지 않으면 안 되었다. 유대인 역사의 한복판에서 하시디즘은 암흑의 중심에서 늘 발견되는 불꽃, 죽음의 시대에도 희망과 행동의 불꽃을 주창하는 신비적인 운동으로 일어났다.

이 이야기는 인간의 고통을 완화시키려 했던 한 천사, 돌봄을 베풀려고 했던 한 천사에 관한 것이다. 그의 행동의 분위기와 양식은 나무조각가의 그것과 매우 다른데, 특히 나무조각가의 침착함보다 천사의 고통에 대해 더 많이 알았던 이들에게 감동을 줄 것이다. 하지만 우리는 이 이야기를 탐구하는 동안 위대한 두 스승, 곧 차이점과 일치점을 통해 우리에게 많은 가르침을 주는 부버와 장자 간의 심오한 공통점도 발견하게 될 것이다.

"천사와 세계의 지배"

언젠가 만물을 창조하고 파괴할 능력을 지닌 주님의 의지(the Will of the Lord)가 온 땅에 고통과 질병을 한없이 풀어놓았던 시대가 있었다. 대기는 눈물로 인한 습기로 무거워졌고 한숨은 짙은 먹구름이 되어 온 땅을 드리웠다. 하나님의 보좌를 둘러싼 천군천사도 공중에 떠도는 슬픔을 외면할 수 없었다. 한 천사는 저 아래편에서 겪는 고통을 보고 깊은 연민을 느낀 나머지 그의 영혼이 안절부절못했다. 그가 다른 천사들과 노래하는 중에 자기 목소리를 높이자 당혹스러운 음조가 순전한 믿음의 선율 가운데 울려 퍼졌다. 그 천사의 생각이 주님을 반역하고 주님과 다투고 있었던 것이다. 그로서는 왜 죽음과 상실이 거대한 사건의 사슬에서 연결고리의 역할을 해야 하는지 이해할 수 없었다. 그러던 어느 날, 천사는 전지하신 주님의 눈이 그 자신의 눈을 꿰뚫고 그의 마음에 있는 혼란을 직시하는 것을 느끼며 크게 두려워했다. 그는 기운을 차리고 주님 앞에 나아가서 말을 하려는 순간 목구멍이 말라붙어 버렸다. 그럼에도 불구하고, 주님은 그의 이름을 부르며 부드럽게 그의 입술을 만져주었다. 그러자 천사는 말하기 시작했다. 그는 자기가 세상을 평안한 시대로 이끌 수 있도록 1년 동안 세상을 다스릴 수 있는 권한을 달라고 하나님께 간청했다. 천사의 무리는 그의 대담함에 몸을 떨었다. 그러나 동시에 하늘은 하나님의 찬란한 미소로 밝게 빛났다. 그분은 그 탄원자를 큰 사랑의 눈길로 바라보며 승낙한다고 선언하셨다. 그 천사가 몸을 일으키자 그 역시 환하게 빛이 났다.

그리하여 온 땅은 기쁨과 행복으로 가득한 한 해를 보내게 되었다. 그 빛나는 천사는 가장 괴로워하는 땅의 자식들, 곤궁에 빠져 두려움에 휩싸인 사람들에게 자비로운 마음을 흠뻑 퍼부어 주었다. 병들고 죽어가는 이들의 신음은 더 이상 들리지 않았다. 얼마 전만 해도 든든한 갑옷을 입고 공중을 누비며 고함쳤던 동료 천사는 이제 자신의 공식적인 임무에서 해방되어 칼을 거둔 채 옆으로 비켜섰다. 우주는 신선한 초목을 지구에 선물로 주었다. 한여름이 되자 사람들은 노래를 부르며 풍요로운 들판을 뛰어다녔다. 여태껏 한 번도 경험하지 못했던 대단한 풍요로움이었다. 추수철에는 그 수확물을 보관할 장소를 찾자면 벽이 터지거나 지붕이 날아갈 것만 같았다.

그 빛나는 천사는 자부심과 만족감을 느끼며 자신을 자랑스러워했다. 첫눈이 계곡을 뒤덮어 온 땅의 지배권이 다시 하나님의 손으로 돌아갈 때가 되자, 천사는 그 엄청난 풍요를 사람들에게 분배하여 그들이 앞으로 수년 동안 그의 선물을 즐기도록 했기 때문이다.

그러나 그해 말 어느 추운 날, 수많은 사람의 통곡 소리가 하늘을 향해 떠올랐다. 그 소리에 두려움을 느낀 그 천사는 땅으로 내려와서 순례자의 옷을 입고 첫 번째 집에 들어갔다. 사람들이 곡물을 도리깨질하고 제분한 후 빵을 굽기 시작하는 순간이었다. 그런데 아뿔싸, 오븐에서 빵을 꺼내자 그것이 바스라져 도무지 먹을 수가 없었다. 그런데도 그들은 게걸스럽게 그것을 입에 집어넣어 주린 배를 채웠다. 이런 광경은 두 번째 집과 세 번째 집 등 어디서나 볼 수 있었다. 사람들은 마루에 벌렁 누운 채로 머리칼을 뜯으면서 헛된 축복으로 그들의 비참한 마음을 기만한 주님을 저주하고 있었다.

그 천사는 하늘로 날아와서 하나님 앞에 쓰러졌다. 주여, 나의 힘과 판단에 무엇이 부족한지를 알려주소서 하고 울부짖었다.

그때 하나님이 목소리를 높여 이렇게 말씀하셨다. 태초부터 내가 알고 있던 진리를 이제 너도 깨달아야 한다. 나의 사랑하는 제자여, 이 진리는 곱고 관대한 손을 가진 너에게는 너무 심오하고 두려운 것이다. 바로 이 땅은 썩음으로 말미암아 영양분을 얻고 그 씨앗이 초래할 그늘로 뒤덮여야 한다는 진리다. 그리고 영혼들은 홍수와 슬픔으로 비옥해져야 하고, 이런 것을 통해 위대한 사역(the Great Work)이 탄생한다는 것이다.[2]

내가 사람들에게 천사 하면 누가 떠오르냐고 물으면 그들은 종종 그들 자신을 가리킨다. 우리는 명백한 악을 보고 괴로움과 분노를 느끼는 것, 선행을 하고픈 마음이 발동하는 것, 누군가 혹은 무언가를 필사적으로 구출하고 싶은 것, 잘못된 것을 바로잡고 싶은 것이 어떤 심정인지를 알고 있다. 그런데 우리 중 다수는 또한 우리의 천사 같은 마음이 뜻밖의 극악한 결과를 낳은 것으로 드러날 때의 심정도 알고 있다. 이 이야기에 나오는 천사는 우리가 쉽게 공감할 수 있는 유형이다. 우리의 관점에 따라 그는 온 땅의 희망이거나 파멸의 원인이거나, 양자 모두이기 때문이다.

어떤 이들은 이 천사야말로 고통을 보고 자신을 그들과 동일시한 뒤에 무슨 조치를 취하려고 했던 용감하고 동정적인 등장인물이라고 말한다. 천사는 거의 불가능하게 보이는데도 더 나은 세계를 상상하고 공동선을 위해 일하는 인간의 역량을 대변한다. 반면에 다른 이들은 그 천사가 에고와 자만심과 권력욕에 추동되었다고 본다. 그 천사가 하나님의 역할을 하고픈 것을 거만하다고, 인생의 논리와 한계를 이해하지 못하는 것을 유치하다고 보는 것이다. 내가 보기에는, 양 진영 모두 천사에게 그들 자신에 대한 감정을 투사하고 있고, 우리가 세계를 더 나은 곳으로 만들려고 할 때 느끼는 희망과 절망의 양가감정을 나타내고 있는 것 같다.

사실 우리와 천사는 양자 모두에 해당하는 존재들이다. 우리의 행동은 에고와 순수함의 혼합일 경우가 많고, 우리가 이 단순한 사실을 받아들이지 않으면 결코 온전해질 수 없을 것이다. 만일 우리의 동기가 순수해지길 기다린다면, 우리는 결코 행동할 수 없거나 우리의 행동이 구체성을 띨 수 없을 것이다. 만일 우리가 '제2의 순수성'에 대한 희망을 버린다면, 우리의 행동은 단지 냉소주의만 양산할 것이다. 물론 그 천사는 순수한 존재였다. 그는 인간의 고통을 몽땅 제거할 수 있을 것으로 생각했던 것이다. 물론 그 천사가 자만했던 것도 사실이다. 그는 자기가 하나님보다 더 잘할 수 있을 것으로 믿었고, 자신이 자랑스럽기만 했다. 그런데 우리 중 다수가 그와 같은 인물이다. 그렇기 때문에 순수함과 자만심을 모두 지닌 채 혼합된 동기로 행동하는 천사로부터 배울 것이 많다.

사실 우리의 혼합된 동기는 순수함과 자만심보다 더 깊은 차원의 것이다. 우리의 가장 건설적인 충동은 종종 파괴적인 충동을 수반하고, 우리 속에 있는 이런 사악한 에너지를 우리가 알아채지 못하기 때문에 더욱 파괴적인 결과를 낳았다. 부버의 이야기에 따르면,

모든 인류가 잘살게 되어 그 천사의 영광이 절정에 달했을 때 "얼마 전만 해도 든든한 갑옷을 입고 공중을 누비며 고함쳤던 동료 천사는 이제 자신의 공식적인 임무에서 해방되어 칼을 거둔 채 옆으로 비켜섰다"고 한다. 이는 그 천사의 파괴적인 분신(alter ego), 그의 그림자, 한동안 저지할 순 있으나 더 오래 제쳐놓을수록 장차 더 강력한 힘을 발휘하게 될 세력이라고 나는 생각한다. 만일 그 천사가 갑옷을 입은 동료를 더 잘 이해했더라면, 그의 천사다운 행동은 덜 극단적인 결과를 초래했을 것이다.

스탠리 비쉬뉴스키(Stanley Vishnewski)의 지혜가 생각난다. 그는 뉴욕 시 보워리 지역의 공동체 사역인 가톨릭일꾼을 통해 극빈자를 위해 헌신했던 인물이다. 생애 전체를 자선사업에 쏟았던 스탠리는 가톨릭일꾼이 성인들과 순교자들로 구성되어 있다고 말하곤 했다. "성인들은 순교자들을 창조하고 순교자들은 성인들을 창조한다!" 그는 선행을 하려고 나서는 개인들과 공동체들의 어쩔 수 없는 이중성을 잘 이해했다.[3]

이런 이중성을 염두에 두는 가운데, 그 천사의 맨 처음 모습과 마지막 모습이 같지 않다는 것을 눈여겨봐야 한다. 이중성이란 우리 내면의 영구적인 분열을 의미하지 않는다. 이중성은 역동적이어서 그 긴장은 우리의 성장을 도울 수 있다. 그 천사는 이야기가 진전됨에 따라 성장한다. 등장인물의 진화는 그 이야기가 꾸며낸 게 아니라 삶의 진실이다. 우리가 행동을 취할 때, 진정한 행동은 종종 우리가 주변 세상에 대해 행하고 있는 일이 아니라 우리 자신에게 행하는 일이다. 모든 행동은 하나같이 자기 변화를 내포하기에, 우리가 천사의 행동이 전개되면서 그의 성품에 무슨 일이 일어나는지를 관찰하면 많은 것을 배울 수 있을 것이다.

일부 사람들은 그 천사가 처음부터 동정적인 존재였다고 생각하지만, 나는 그렇게 보지 않는다. 동정(compassion)이란 문자적으로 타인의 고통과 함께하는 역량을 뜻한다. 이 이야기의 초반에 그 천사가 인간의 고통에 "깊은 연민을 느꼈다"고 나와 있는데, 그는 단지 "저 아래편에서 겪는 고통을 보고" 연민을 느낀 것이다. 그와 고통의 관계는 가시적인 면과 수직적인 면을 갖고 있다. 그는 그 고통을 만지기보다는 보았고, 그 속에 들어가기보다는 그 위편에 그대로 자리 잡고 있었다.

나중에 가서야—그리고 크나큰 압박감을 느낀 뒤에야—그 천사는 공동기반을 향해 내려가는 행동을 취하는데, 그가 "땅으로 내려왔을" 때에야 진정한 동정의 움직임을 취한 셈이다. 그러나 이야기의 초반에는 그가 단지 "가장 괴로워하는 땅의 자식들, 곤궁에 빠져 두려움에 휩싸인 사람들에게 자비로운 마음을 흠뻑 퍼부어 주었다"라고 되어 있다. 퍼부어 주는 일은 위편에서만 할 수 있는 행동이다.

우리가 선행을 하려고 할 때는 언제나 그런 유혹이 따른다. 치열

한 삶의 현장 위에 서서 선행을 하고픈 유혹이다. 그러나 위편에 그대로 있고 싶은 욕망은 올바른 행동에 대한 오해를 보여준다. 우리를 '타자'와 동떨어지게 하는 행동은 결코 옳을 수 없는 법이다. 뒤로 물러서서 레버를 잡아당겨 필요한 사람들에게 자선을 베푸는 일로는 선행을 할 수 없다. 올바른 행동은 우리 자신을 현실 속에 깊이 몸담을 때에만 가능하다. 우리로 관계를 맺게 하고 사물의 유기적인 본질 속에 우리의 자리를 잡게 해주는 경우에만 가능한 것이다.

그 나무조각가를 기억하라. 그는 단식을 통해 자신을 비움으로써 군주와 백성, 숲과 나무의 세계와의 올바른 관계를 찾았다. 그리고 유기적 실재와 상호작용을 나눔으로써 아름다운 작품을 공동으로 창조할 수 있었다. 반면에 하늘에 그대로 머무는 그 천사는 땅 위의 고통받는 사람들과 땅 자체의 성장순환과 관계를 맺을 수 없다. 그가 좋은 의도를 품고 고통받는 자들에게 깊은 연민을 느낀다 하더라도, 이것이 그의 행동이 섬김의 대상에서 동떨어져 있다는 사실을 바꾸지는 못한다. 그처럼 거리를 두면 현실적인 필요에 대한 실마리를 찾을 수 없기 때문에 결코 올바른 행동을 취할 수 없다.

다른 사람과 함께 고통을 받는다는 것은 스스로를 타자의 고통에 빠뜨린다는 뜻이 아니다. 연못에서 빠져가는 사람을 구하려고 뛰어들었다가는 자기도 익사할 것이므로 그건 어리석은 짓이다. 요점을 말하자면, 고통이란 나 홀로 겪는 경험이기 때문에 다른 사람의 고통 속에 완전히 들어가는 일이 가능한지 의문스럽다. 다른 사람과 함께 고통을 받는다는 것은 내가 할 수 있는 최대한 타인의 삶이 처한 정황을 공유한다는 뜻이다. 즉, 이 세상의 고통의 연못에 또 다른 고통을 더하는 게 아니라 타인에게 필요한 것을 깊이 이해하는 것이다.

우리가 그런 자리에 있게 되면 고통받는 사람에게 '즉효약'이란 없고 건너편에 이르기까지 서서히 고통을 참고 견디는 과정밖에 없다는 것을 알게 된다. 우리는 거기에 그냥 있는 것, 서서히 고통당하는 사람을 위한 치료책이 아니라 동반자로 거기에 있는 것이 최선임을 배우게 된다. 고통에는 손쉬운 '해결책'이 없는 법이고, 그런 것을 제공하는 사람은 고통을 심화시킬 뿐이다. 그러나 타인과 함께하는 법, 거기에 완전히 현존하는 법을 아는 사람들이 함께하면 위로가 있고 심지어는 치유가 일어나기도 한다.

나는 평생 두 번에 걸쳐 심한 우울증에 빠진 적이 있다. 두 경우 모두 여러 친구들이 격려와 충고로 나를 구해주려고 애썼다. "밖에 나가서 햇빛을 즐겨라"든가 "당신은 아주 선량하게 사는데 우울증이 웬 말인가?"라든가 "당신에게 정말 도움이 될 만한 책을 알고 있어"라는 식이었다. 이 친구들은 좋은 의도임에도 불구하고 나를 더 우울하게 했다. 내가 겪고 있는 경험을 이해하지 못했고, 거기에는 손쉬운 '즉효약'이 없다는 것도 몰랐기 때문이다. 그들의 충고는 그들과 나 사이의 거리를 더 넓히고 나를 더욱 고립시켰을 뿐이었다.

사실 우리 자신을 서로의 고통에서 멀어지게 하는 것은 충고로써 서로의 문제를 '해결하려는' 노력 배후에 있는 숨은 의제이다. 당신이 내 충고를 받아들여 그대로 하면, 당신은 좋아질 터이고 나는 책임을 벗을 것이다. 그런데 설사 당신이 내 충고를 아예 따르지 않거나 제대로 따르지 않는다 할지라도, 나는 책임을 벗을 것이다. 나는 나름대로 최선을 다했고, 당신이 계속 고통을 받는 것은 분명 당신의 잘못이다. 당신과 함께 고통을 받기보다는 충고로 당신의 문제를 해결하려고 애씀으로써 나 자신을 당신의 고통에서 동떨어지게 한다.

내가 우울증에 시달리는 동안 한 친구는 다른 기지를 발휘했다. 매일 오후 4시경에 나타나서 나를 의자에 앉히고 내 신발을 벗긴 후 내 발을 마사지했다. 그는 거의 입을 떼지 않았지만 거기에 있었고 나와 함께했던 것이다. 그는 나에게 생명줄이었고, 인간 공동체와의 연결고리였으며, 따라서 나 자신의 인간성과의 연결고리이기도 했다. 그는 나를 '치료할' 필요가 없었다. 그는 동정의 의미를 알았던 사람이다.

천사는 이 이야기의 초반에서는 동정을 이해하지 못한다. 아니, 설사 이해하더라도 그 지식에 따라 행동하기를 두려워하고 있다. 그 대신 하나님께 자신이 1년 동안 온 땅의 최고경영자가 되게 해달라고 부탁한다. 말하자면, 우주 조직도의 정상에 앉아서 초연한 위치에서 온 땅의 문제들을 해결할 수 있게 해달라고 한 것이다. 만일 그 천사가 일을 다르게 진행했더라면—만일 처음부터 땅의 순례자가 되어 사람들의 곤경을 공유할 수 있게 해달라고 부탁했더라면—그는 헛된 희망의 씨앗을 심지 않았을 터이고 이는 헛된 밀로 자라서 헛된 빵으로 구워지지 않았을 것이다. 참된 동정을 실천하는 일보다 거리를 두고 행동하는 것이 더 쉽겠지만, 이런 행동은 아무도 배불리 먹일 수 없을 것이다.

실패가 지닌 치유의 능력

이 이야기의 초반에서는 천사가 저 위편에서 고통을 '보고' 깊은 '연민'을 느낄 뿐이다. 그때 그는 그 고통을 덜어주기 위해 하나님께 능력을 부탁하여 받게 되는데, 이 능력으로 그는 저 위편에서 땅을 향해 자비로운 마음을 '퍼부어 주게' 된다. 그러나 그의 행동은 유기적이지 않기 때문에, 사물의 본질에 맞지 않기 때문에 실패하고 만다. 땅 위의 사람들이 천사가 보낸 풍성한 열매를 누려야 할 때에 "수많은 사람의 통곡소리가 하늘을 향해 떠올랐고" 천사는 "그 소리에 두려움을 느꼈다."

이는 그 이야기의 중요한 교차점이다. 천사가 초연한 위치에서 선행을 베풀던 모습에서 참된 동정의 시발점을 향해 바뀌는 순간이다. 그의 전환에는 세 가지 중요한 요소가 있다. 첫째는 그가 고통을 보는 단계에서 듣는 단계로 움직인다는 사실이다. 우리는 텔레비전을 보면서 마음은 움직이지만 삶은 변하지 않는 것을 계속 경험하기 때문에 보는 행위가 얼마나 초연할 수 있는지를 알고 있다. 뉴스 진행자의 세련된 해설이 모든 것을 '거리를 두고' 보게 하여 우리를 현실에서 동떨어지게 하는 가운데 우리는 잔인하게 살육하는 장면을 바라본다. 만일 우리가 죽어가는 자의 비명과 신음 소리, 전쟁의 소리를 정말로 듣는다면, 우리는 거기에 더 깊이 관여할 수 있게 되리라.

천사의 전환에서 두 번째 중요한 요소는 그가 이야기의 초반에 자신이 목격한 고통에 "연민을 느낀" 데 비해, 나중에 땅에서 하늘로 떠오르는 통곡을 듣고 "두려워했다"는 점이다. 물론 연민을 느끼는 일은 중요하지만, 그런 경험은 진정한 감정을 대신하는 감상적인 것일 수 있다. 우리 가운데 크리스마스가 되면 굶주린 노숙자의 모습에 연민을 느끼지만 그 절기만 지나면 1년 내내 잊어버린 채 사는 사람이 얼마나 많은가? 그런데 두려움을 느낀다는 것은 이와 다르다. 우리는 우리의 존재가 위험에 처할 때, 우리가 타인의 곤경에 연루되어 있다고 느낄 때 두려움을 느낀다. 우리가 두려움을 느낄 때 고통도 느끼기 때문에 두려움이야말로 참된 동정으로 이끄는 진정한 감정이다.

천사가 1년 동안 하나님의 역할을 한 뒤에 사람들의 통곡을 들을 때 왜 두려움을 느끼는 것일까? 그것은 그 통곡 소리가 자기가 하려고 했던 일이 실패했음을 가리키는 첫 번째 실마리이기 때문이다. 그리고 실패는 그 천사가 동정을 향해 전환하는 사건의 세 번째로 중요한 요소이다. 그 천사가 선한 의도로 취한 자신의 행동이 사람들의 고통을 심화시켰다는 사실에 고통을 느낄 때, 자신의 둔감함과 어리석음이 야기한 실패 때문에 고통을 느낄 때에야 비로소 동정이 시작된다. 천사는 자신이 실패했음을 알아차릴 때에야 땅을 향해 아래로 움직이는 중요한 여정을 시작한다.

만일 하향적인 움직임이 우리의 실상을 향한 탐구의 열쇠라면, 실패야말로 우리의 성장의 열쇠이다. 성공이나 성공의 환상은 상향적인 움직임이요, 우리를 공기보다 가볍게 만드는 에고의 부풀림이다. 반면에 실패는 인생의 바닥짐이다. 그것은 부풀린 에고가 떠다니는 것을 억제하고 우리를 공동의 기반으로 끌어당긴다. 그 천사는 실패할 때까지 하늘에 떠다니다가 실패하자 땅으로 내려온다. 실패는 천사가 관조하는 양식, 곧 환상에서 실상으로 떨어지는 그 나름의 방식이다.

그러나 천사를 아래로 끌어내려 동정을 향해 움직이게 하는 것은 실패만이 아니다. 그것은 기꺼이 자신의 실패를 직면하고 인정하고 탐구하려는 태도이다. 그는 그것을 몽땅 무시할 수도 있었다. 그는 그것을 얼핏 본 뒤에 배은망덕한 사람들이나 잔인한 하나님 등 남의 탓으로 돌릴 수도 있었다. 그런데 천사는 그것이 자신의 실패임을 인정하고 그의 가슴을 도려냈다. "그 천사는 하늘로 날아와서 하나님 앞에 쓰러졌다. 주여, 나의 힘과 판단에 무엇이 부족한지를 알려주소서 하고 울부짖었다." 실패로부터 배우는 일은 차가운 계산된 행위가 아니다. 그것은 본의 아니게 우리의 가슴을 쥐어뜯어 열어젖힌다.

여러 해 전에 나는 도심지의 가난한 흑인 교회와 함께 '멍에를 맨' 교외의 어느 부유한 백인 교회를 컨설팅해 달라는 부탁을 받았다. 대부분 전문인으로 구성된 백인 교회는 두 교회의 관계에 많은 공을 들여왔다고 생각했다. 그런데 3년이 지난 지금, 그 자매 교회가 자기네가 제공하기로 했던 재정 및 인적 자원을 제대로 사용하지 않거나 아예 활용하지 않는다는 사실로 좌절에 빠졌다. 그들은 문제가 흑인 문화와 백인 문화의 차이에 기인한다고 생각했고, 사회학자인 나에게 그런 차이점을 이해하고 대처할 수 있도록 도움을 달라고 부탁했다.

그러나 나는 이 천사의 이야기를 알고 있기에 그 문제를 사회학으로 접근하고 싶지 않았다. 사실 나는 그 상황을 풀어야 할 문제로 보지 않았다. 대신에 이런 제안을 했다. 그들처럼 큰 힘을 지닌 부유한 회중의 경우, 그들이 경험할 수 있는 유일한 가난은 그들이 원하는 결과를 이룰 수 없다는 것이며, 그 자매 교회에 대한 그들의 불만은 바라는 목표를 거의 이룰 수 없는 도심지 흑인들의 일상적인 가난을 가까이 접할 수 있는 기회라고 말했다. 그 백인 회중에게 내가 제안한 바는 사회학적 접근으로 그 문제를 '풀려고'하지 말고, 최대한 그들 자신의 실패 속에 깊이 빠져서 도심지의 형제들과 자매들에게 더 많은 동정을 느낄 수 있는지 보라는 것이었다.

천사의 이야기는 매우 빨리 끝나기 때문에 확실히 말할 수는 없지만, 그 천사가 하나님 앞에 쓰러져서, "주여, 나의 힘과 판단에 무엇이 부족한지를 알려주소서" 하고 울부짖을 때 이와 똑같은 경로를 시작하지 않았을까 생각한다. 천사 앞에 놓인 것도 풀어야 할 문제가 아니라 감수해야 할 진실, 우리의 최고의 희망이 종종 실현되기 직전에 죽고 만다는 진실이다. 그 이야기가 끝날 즈음에 천사는 우리와 똑같은 선택의 기로에 놓인다. 인생의 한계가 우리를 위축시키고 비참하게 만들도록 허용할 것인가, 아니면 우리의 삶을 확대시키고 조명하도록 그런 한계를 포용할 것인가?

천사는 "나의 힘과 판단에 무엇이 부족한지를 알려주소서"라고 기도하는데, 그의 삶은 하나님이 주시는 답변을 어떻게 이해하는지에 달려 있다. 그릇된 이해는 그 천사를 스스로 어리석은 범죄자로 느끼게 하여 다시는 그런 멍청한 짓을 하면 안 되겠다고 후회하면서 여생을 숨어서 지내게 할 것이다. 올바른 이해는 그 천사가 자신의 어리석음을 직면하게 하되 그것은 어디까지나 사랑을 위해 그랬던 것이고 그의 실수는 마음의 문제였다는 것을 알게 할 것이다. 물론 천사는 자기의 실패로부터 한두 가지를 배울 필요가 있지만 그의 마음에서 사랑을 거둘 필요는 없다.

우리 문화는 대대적으로 성공은 보상하고 실패는 처벌하기 때문에, 우리로서는 좋은 대의를 추구하다가 실패하는 것이 정당하다는 것을 인정하기 어렵고 그런 실패가 담고 있는 창조성을 긍정하기도 힘들다. 우리는 아직도 실패를 끝장난 것으로 여긴다. 우리가 학교에서 배운 것처럼, F학점은 더 이상 호소가 가능하지 않은 최종 판결이라고 생각하는 것이다. 내가 앞에서 언급했듯이, 과학이 성공 못지않게 실패로부터 많은 것을 배운다는 사실도 아무 소용이 없는 것 같다. 현대의 가장 창의적인 기업들이 직원들에게 배우기 위해 실패도 감수하도록 격려하는 것과 생산적인 사람들이 자주 실패한다는 사실도 아무 영향을 미치지 못하는 듯하다.

그런데 하나의 역설이 있다. 실패는 성장으로 연결되는 반면, 성공은 자기만족으로 끝날 수 있다는 것이다. 이는 예수의 유명한 말씀, 곧 당신이 자기 목숨을 구원하고자 하면 잃을 것이고 자기 목숨을 잃으면 찾을 것이라는 말씀(마태복음 16장 25절을 보라)을 반영한다. 이 역설이 진리임을 우리가 아무리 많이 경험한다 해도, 그에 따라 실패와 우리의 목숨을 '잃는 것'을 환영하는 일은 어렵기만 하다. 사실 예수가 이 말씀을 한 것은 우리에게 행동하는 법을 충고하기 위해서가 아니라 '사실 그대로 말하기' 위함이었다. 우리가 우리의 손실이 장차 이득으로 전환될 것을 믿고 일부러 손해를 보고 실패하려는 경우는 드물 것이다. 비록 우리가 의도적으로 이렇게 살지는 않을지라도 그 역설은 우리의 삶에서 일어나기 마련이다. 유일한 문제는 그런 일이 일어날 때 우리가 전환을 인식하고 수용할 것인지 여부이다.

만일 우리가 천사의 행위를 그대로 따를 수 있다면, 우리의 포용력은 더욱 커질 것이다. 천사는 실패와 패배의 순간에 그것을 숨기고 발뺌하고 변명하고 시치미를 떼려고 하지 않았다. 그 대신 스스로 비참한 치욕감을 맛보려고 했다. 그는 쓰러져서 울부짖으며 자신의 무지를 시인했고 도움을 간청했다. 그는 자기의 실패에 대해 거리를 유지하며 전진하려고 하지 않고, 그 고통 속으로 완전히 들어가서 그 유일한 근원인 하나님께 도움을 구했다. 이것이 우리가 처절하게 실패할 때 할 수 있는 전부이다. 우리가 그렇게만 하면 그것으로 충분하다.

도대체 어떤 하나님인가?

천사가 마침내 도움을 구한 유일한 근원인 그 하나님을 보고 어떤 사람들은 이렇게 화를 낸다. "아니, 그 천사에게 교훈을 주려고 그토록 끔찍한 추락을 허용하고, 그 천사가 배우도록 온 땅에 고통을 허락하는 그 하나님은 도대체 어떤 존재인가?" 일부 사람은 그런 존재는 그들이 알고 있는 하나님이 아니라고 말하고, 또 어떤 이들은 그들이 예전에 알았다가 배척한 하나님이라고 말한다. 양자 모두 부버의 하나님을 경멸한다. 잔인하기 그지없는 게임에서 모든 카드를 손에 쥔 채 패를 감추려고 가슴 쪽으로 바싹 당기는 그런 하나님 말이다.

나는 이 하나님을 굳이 공격하거나 변호할 필요가 없다. 하지만 하나님이 이 이야기에서 일하는 방식과 그에 대한 우리의 반응을 살펴보면, 궁극적 실재에 대한 우리 자신의 의식을 탐구할 기회를 얻게 된다. 우리의 행동을 둘러싼 깊은 맥락은 무엇인가? 우리의 삶이 어떤 우주적 실체에 뿌리박고 있다고 우리는 생각하는가? 그리고 그 실체는 우리의 활동에 어떤 영향을 주는가? 우리가 부버의 이야기에 나오는 하나님을 성찰하노라면 우리의 실재관이 드러나고 또 확장될 수 있다.

어떤 이들은 이 하나님이 우리 모두에게 실제로 주는 자유의 선물을 그 천사에게 주는 것뿐이라고 말한다. 선을 행하거나 값비싸고 중대한 실수를 범할 수 있는 자유. 그 자유가 비극을 낳는다 할지라도 그 자유를 소중히 여기고 그것을 주신 하나님을 사랑한다고 한다. 자유롭지 못한 것은 더 큰 비극이기 때문에 그렇다는 것이다. 반면에 하나님을 비판하는 자들은 쉽게 만족하지 못한다. 하나님이 마지막 대목에서 자기가 처음부터 알고 있었던 비밀, 곧 천사가 시작하기도 전에 그의 최선의 노력을 실패로 만들었던 비밀, 당신이 죽지 않고는 생명을 얻을 수 없다는 그 비밀을 천사에게 누설하고 있다는 사실을 지적한다. "만일 하나님이 이것을 처음부터 알고 있었다면, 왜 하나님은 천사에게 그 모든 능력을 주기 전에 그에게 그것을 알려주지 않았는가? 그렇게만 했더라면 사람들은 물론이고 그 천사도 엄청난 괴로움을 모면할 수 있었을 것이다."

그런데 하나님의 행위에 대한 이런 비판은 몇 가지 중요한 점을 놓치고 있다. 이 이야기에 따르면, 그 천사는 애초부터 하나님이 마지막에 그에게 말씀하시는 진리를 알고 있다. 이 내러티브는 앞부분에서 천사가 "왜 죽음과 상실이 거대한 사건의 사슬에서 연결고리의 역할을 해야 하는지 더 이상 이해할 수 없었다"고 말하는데, 이것은 하나님이 마지막 대목에서 그 천사에게 말하는 진리와 전혀 다르지 않다. 처음부터 문제는 천사가 그 진리를 알긴 했으나 그것을 "더이상 이해할 수 없었다"는 점이다. 말하자면, 그는 자신이 이미 알고 있던 것을 받아들이길 거부했다는 뜻이다.

우리도 마찬가지라고 나는 생각한다. 우리는 받아들이고 싶지 않는 것을 알고 있어서 마치 그것을 모르는 듯이 행동한다. 나중에 우리의 행동과 그 결과 때문에 우리가 이미 알고 있었다는 사실을 인정하지 않으면 안 될 때까지. 이것이 바로 '관조와 행동'이 순환하는 배움의 과정이고 환상과 실상 간의 끝없는 싸움이다. 이것은 허구적인 고안물이 아니라 삶의 엄연한 현실이다. 이 이야기의 끝부분에서 그 천사가 자신의 행동으로 인해 자기가 처음부터 이미 알았던 진리를 상기하지 않으면 안 되는 장면은 우리의 삶에서 실제로 일어나는 일이다.

땅 위의 사람들 역시 마음속에 알고 있던 것을 받아들이길 거부했을 가능성도 있는 것 같다(이것은 그 이야기가 아니라 나의 개인적 경험을 근거로 말하는 것이긴 하지만). 천사가 땅을 주관하고 있던 기간, 즉 온 땅이 오로지 풍요와 기쁨만 알고 지내던 때에 일부 사람들은 그 모든 것의 비현실성을 감지하고 그 풍요가 결국 거짓 복으로 판명될 것이라고 우려했을 것이 틀림없다. 그런데도 아무도 반기를 들지 않았다. 우리는 마지막에 치러야 할 대가가 무엇이든지 간에 거짓 복을 선뜻 받아들일 때가 종종 있다. 그런 것을 거절하려면 무척 성숙할 필요가 있다. 거짓 복이 정치, 종교, 개인의 삶 등의 영역에서 베풀어질 때 그것을 바라던 수령자는 속임수를 쓰는 제공자만큼 죄가 있다고 하겠다.

그러므로 부버의 하나님은 적어도 두 가지 면에서 무책임하다는 혐의를 모면할 수 있다. 첫째, 하나님이 그 천사에게 자유를 주되 사태를 엉망으로 만들 자유까지 주셨다. 둘째, 설사 하나님이 처음부터 그 천사에게 인생은 고통이 필요하다는 진리를 상기시켰더라도, 그 천사는 그것을 우회하려고 노력했을 것이다. 그런데 하나님에 대한 이런 이해는 피상적인 수준에 머무른다. 이 이야기에 나오는 하나님에 관한 진리—그리고 우리의 삶에서 경험하는 하나님에 관한 진리—는 그보다 훨씬 더 파격적이다. 하나님은 이 엉망진창인 세계에서 우리와 함께하시고, 우리와 같이 우리 인간의 마음을 아프게하는 안타까운 갈망을 품고 계시다.

내가 믿듯이, 만일 실재가 우리 자신과 하나님 사이의 공동창조의 과정이라면, 하나님은 어떤 우주 방정식에 나오는 정량(定量)이 아니다. 하나님은, 우리가 하듯이, 실험하고, 성공하고, 실패하고, 변하고, 배우고, 괴로워하고, 기뻐하고, 성장한다. 부버의 이야기는 하나님의 설정, 곧 순진한 천사에게 어려운 교훈을 가르치려고 인류를 희생시키는 그런 장치를 묘사하는 게 아니다. 오히려 더 나은 세계를 열망하는 하나님, 사물의 한계에도 불구하고 밀어붙이는 하나님, 이 작업에서 우리와 같은 동반자들이 필요한 하나님, 우리가 반응하지 않으면 외로움을 타는 그런 하나님을 묘사하고 있다.

사물의 한계에도 불구하고 밀어붙이는 하나님은 곧 그분 자신의 일부를 밀어붙이고 있는 것이다. 이 이야기의 하나님은 그 천사와 우리와 마찬가지로 내적인 역설을 안고 있는 분이다. 이 점은 첫 줄에 명확히 나타나 있다. "언젠가 만물을 창조하고 파괴할 능력을 지닌 주님의 의지가 온 땅에 고통과 질병을 한없이 풀어놓았던 시대가 있었다."

우리는 이런 묘사를 읽으면 마음이 불편하다. 우리가 좋아하는 하나님의 이미지는 창조에 전념하는 분, 우주가 '잘못해서' 생긴 생경한 파괴의 권세에 대항해 용감하게 싸우는 분의 모습이다. 그러나 단순히 관찰하기만 해도 실재는 세움과 무너뜨림이 모두 필요하다는 것을 알 수 있다. 만일 하나님이 궁극적 실재라면, 당연히 하나님은 파괴와 창조의 역설을 구현해야 마땅하다. 우리가 하나님 안에 있는 이 역설을 인정할 때, 우리도 '괜찮은' 사람이란 환상을 더 잘 꿰뚫고 우리의 바탕을 이루는 본성의 복잡한 실상을 더 잘 만질 수 있다. 실상의 중심부에서, 우리와 하나님 모두 죽음과 생명 간의 창조적 긴장으로 더욱 확장되어 우리 자신이 때로는 이쪽으로 때로는 저쪽으로 끌리는 것을 알게 된다.

부버의 이야기에서 하나님은 온 세상에 죽음을 "풀어놓긴" 했으나 동시에 새로운 생명을 열망하고, 그 천사가 파괴를 좌절시키기를 바라기도 한다. 이런 해석은 부분적으로 다음과 같은 사실에 근거해 있다. 천사의 행동이 "저 아래편에서 겪는 고통을 보고 깊은 연민을 느낀 것", 곧 그 자신의 느낌과 함께 시작하지 않고 "전지하신 주님의 눈이 그 자신의 눈을 꿰뚫고 그의 마음에 있는 혼란을 직시하는 것"과 함께 착수된다는 사실이다. 천사는 자기가 목격한 고통에 대해 깊은 연민을 느끼지만, 그 느낌은 하나님이 그의 마음을 꿰뚫고 천사가 느낌에서 행동으로 움직이도록 할 때까지는 모호한 상태로 남아 있다. 하나님은 천사가 행동을 취하도록 가만히 기다리지 않는다. 그분은 그 천사가 무언가를 행하기를 원하기 때문에 그의 내면의 몸부림에 개입하여 그를 마비상태에서 해방시켜 준다.

바로 그 순간 그 천사는 "크게 두려워했다"고 한다. 하나님의 사랑이 그를 찔렀기 때문에 그럴 수밖에 없지 않았을까. "행동하는 사랑은 혹독하고 두려운 것이다"라고 도스토예프스키는 말했다. 세상을 향한 하나님의 사랑이 우리의 두려움의 갑옷을 찌른다면, 그것은 책임이 수반된 소명을 받는 무서운 경험이 될 것이다.

그 천사가 마침내 "기운을 차리고 주님 앞에 나아가서 말을 하려는 순간" 그의 목구멍이 말라붙어 한마디도 할 수 없었다. 다시금 하나님이 개입하여 그 천사의 이름을 부르며 부드럽게 그의 입술을 만져주자 천사가 말하기 시작했다. 이제야 천사는 하나님의 부르심에 응답할 수 있다. 그는 자기가 세상을 평안한 시대로 이끌 수 있도록 1년 동안 세상을 다스릴 수 있는 권한을 달라고 하나님께 간청했다.

그때 천사의 무리는 그의 대담함에 몸을 떨었다. "그러나 동시에 하늘은 하나님의 찬란한 미소로 밝게 빛났다. 그분은 그 탄원자를 큰 사랑의 눈길로 바라보며 승낙한다고 선언하셨다."

나로서는 이 대목에서 냉소주의의 기색을 전혀 찾을 수 없다. 하나님이 그 순진한 천사에게 어떤 교훈을 가르치려고 한다는 암시가 없다는 말이다. 오히려 사랑의 증거, 즉 기꺼이 사물의 한계를 밀어붙이는 위험을 감수하려는 이들에 대한 하나님의 사랑의 증거만 눈에 들어온다. 이 순간에는 하나님조차 엄격한 고통의 법칙에 대한 믿음을 그만둔 것 같다. 이 순간에는 하나님이 그 천사가 변화를 일으킬 수 있을지도 모른다는 실낱같은 희망을 품고 있다. 천사를 향한 하나님의 큰 사랑은 인생을 좀 더 온전히, 좀 더 풍성하게 살게 하려고 실패를 기꺼이 감수하려는 자를 향한 사랑과 다름이 없다.

이런 해석이 가능한 또 다른 이유는 하나님께서 그 천사에게 자기가 원하는 일을 할 수 있는 능력을 주신다는 사실에 있다. 여기에 위대한 사랑의 행위가 있다. 다른 인격에게 권한을 주되 그 인격이 그 권한으로 심각한 실수를 저지를 수도 있다는 점과 그 실수가 권한부여자까지 값비싼 대가를 치르게 할 수 있다는 점을 충분히 알면서 그렇게 하는 사랑의 행위이다. 하나님과 천사의 관계를 부모-자녀의 관계에 비유할 수 있다면, 그것은 교묘한 부모가 미리 결과를 예측하며 자녀에게 교훈을 가르치려고 하는 그런 경우가 아니다.

이 이야기에 나오는 하나님은 자녀에게 권한과 자유를 주며 마음껏 인생을 살아보게 하는, 자녀를 믿고 위험을 감수하는 부모에 해당한다. 모든 부모가 알고 있듯이, 이것은 가장 고통스러운 선물인 동시에 가장 보람 있는 선물이다. 자녀가 자기의 권한을 오용할지도 모르지만, 만일 우리가 그들에게 나름대로 살 수 있는 권한을 부여하지 않는다면 우리와 우리의 자녀 둘 다 온전한 인간이 될 수 없는 법이다.

그 천사가 실패를 하고 추락한 뒤에 하나님은 그에게 어려운 진리를 말씀하신다. 그런데 그 말씀에서 나는 "내가 너에게 그렇게 말했잖아"라는 식의 뉘앙스를 전혀 느낄 수 없다. 오히려 그분의 말씀에는 체념의 기운이 서려 있다. 우주에 불변의 법칙이 있다는 사실과 하나님과 천사 모두 이 심오한 진리를 상기할 필요가 있다는 것을 인정하는 분위기이다. 그럼에도 불구하고, 선(善)이 증가하길 바라는 하나님의 무한한 열망, 기꺼이 고통을 받고 또다시 시작하고 싶은 하나님의 한없는 자비의 소리를 나는 듣게 된다.

위대한 사역의 탄생

이야기의 끝 대목에서 하나님이 그 천사에게 주는 가르침은 "위대한 사역"에 대한 언급으로 끝난다. "영혼들은 홍수와 슬픔으로 비옥해져야 하고" 이를 통해 "위대한 사역"이 탄생할 것이라는 말씀이다. 이 어구는 최후의 질풍 같은 수사 속에 등장하는 만큼 그냥 지나치기가 쉽다. 하지만 이 이야기의 의미는 우리가 "위대한 사역"을 어떻게 해석하는지, 그리고 우리와 그 사역의 관계를 어떻게 이해하는지에 달려 있다.

어느 차원에서는 하나님이 가르치려는 교훈은 단지 자연에 관한 진리일 뿐이다. 씨앗은 "썩음으로 말미암아 영양분을 얻지" 못하면 자라지 못한다는 진리. 이는 퇴비를 만들고 비료를 주는 것을 가리킨다. 그런데 천사는 1년 동안 땅에서 썩음을 제거함으로써 참 곡물이 자라는 조건을 파괴했고, 그 결과 빵으로 만들어도 사람들에게 영양을 공급할 수 없는 곡물만 생산한 것이다. 이 자연 법칙은 또한 인간 본성의 법칙이기도 하다고 하나님께서 일러주신다. 우리의 내면생활의 열매가 우리와 타인에게 영양을 공급하려면 썩음과 그늘, 홍수와 슬픔이 씨앗뿐 아니라 영혼까지 기름지게 만들어야 하는 것이다.

그런데 하나님의 가르침은 이보다 덜 추상적인, 더 직접적인 의미를 갖고 있다. 하나님은 하나님과 천사가 거치고 있는 그 과정을 이해하도록 그 천사를 돕는 중이다. 위대한 사역은 그 천사가 참여하고 있는 사역, 곧 실패의 고통을 맛봄으로써 동정심을 개발하는 사역이다. 하나님은 사랑의 실패를 경험함으로써 그분의 동정심의 범위를 계속 확장하는 등 이 위대한 사역에 우리와 함께 참여하고 있다.

이 이야기에 나오는 하나님에 대한 내 해석이 이단적으로 보일지 모르겠다. 내가 한 걸음 더 나가는 것을 미리 사과하는 바이다. 내가 제시한 해석, 곧 하나님이 동정심 많은 피조물을 위기의 현장에 보내면서 그가 삶의 규칙을 깨고 무언가 새로운 것을 만들기를 간절히 바란다는 해석은 사실상 예수의 탄생과 삶과 사명에 관한 성경 이야기와 다르지 않다고 생각한다. 기독교 전통에 따르면, 하나님은 예수를 하나님의 동정심을 구현한 인물로 세상에 보내셨다. 그의 사명은 우주의 기본 규칙의 하나, 곧 죽음을 언제나 최종결론으로 삼는 규칙을 도전하고 깨뜨리는 일이었다. 이런 면에서 부버의 이야기에 나오는 천사는 예수의 원형(原型)이라고 할 수 있다. 역사상의 예수가 규칙을 깰 수 있는 메시아를 고대하던 맥락에서 등장했다는 사실이 이를 뒷받침해 준다.

그래도 한 가지 중요한 질문이 남아 있다. 예수의 경우, 하나님은 결과를 미리 알고 계셨을까? 만일 그랬다면, 부버의 하나님과 나의 하나님이 고통받는 세상에서 무언가 새로운 일이 일어날지도 모른다는 실낱같은 희망을 품고 있다는 나의 견해는 이단적일지도 모른다. 반면에 만일 예수의 하나님이 결과를 미리 알았다면, 예수가 부활을 통해 죽음의 속박을 깰 것을 알았다면, 그리고 만일 예수가 이 것을 확실히 아는 그 (성육신한) 하나님이었다면, 어째서 복음 이야기 에는 그토록 많은 질풍노도가 있는 것인가? 만일 하나님과 예수가 그 결말을 예측할 수 있었다면, 왜 예수는 죽음의 순간이 도래하자 괴로워하고 의심하고 진땀을 흘리며 자기가 버림을 받았다고 외치 는 것인가? 복음 이야기의 인간적인 면은, 이 하나님이 우리와 함께 몸부림에 동참하는 분, 곧 예수처럼 그 결과는 확실히 모르지만 기 꺼이 위험천만한 사랑의 행동을 취하려는 분일 경우에만 이해가 가 능하다. 그렇지 않다면 예수는, 결론을 의심할 필요 없는 영화를 제 작하는 과정에서 연기를 하고 있는 중이다. 그리고 이런 예수는 진 짜 의심과 두려움을 안고 살아가는 우리 인간의 여정에 유익한 동반 자가 될 수 없다.

일부 그리스도인들은 카잔차키스의 원작 소설 「최후의 유혹」(예수 가 씨름했을 법도 한 인간 감정을 탐구한 것)이 영화로 만들어진 것을 보고 분 노와 폭력으로 반응했다.[4] 교회는 예수가 완전히 신(神)인 동시에 인 간이었다고 주장함에도 불구하고 이런 그리스도인들은 예수의 인간 성을 껄끄러운 것으로 본다. 그런데 내가 개진하고 싶은 논점은 더 껄끄럽게 보일지도 모르겠다. 바로 하나님은 전지하지도 않고 전능 하지도 않다는 논점이다. 하나님은 이 땅에서 위대한 사역을 성취하 려면 다양한 존재들과의 협력에 의존할 수밖에 없다는 것이다.

과거와 현재와 미래의 모든 것을 이미 설정해 놓은 그런 하나님의 이미지는 심각한 결함이 있다고 나는 생각한다. 말하자면, 과거와 현재와 미래를 막론하고 모든 것을 정확히 알고 있는 분, 그중의 어느 것이든 통제하고 변경할 수 있는 절대 권력을 갖고 계신 분, 하지만 각본대로 영원히 진행되도록 그냥 내버려두는 분의 이미지다. 부분적으로, 그런 하나님은 내가 경험하는 하나님과는 전혀 달리 따분하기만 하다. 그런데 더 심각한 문제는 나는 그런 하나님을 사랑할 수 없을뿐더러 그런 하나님이 나를 사랑한다고 느낄 수도 없다는 점이다. 사랑은 역동적인 관계로서 쌍방통행식의 에너지 교환이다. 하나님을 전지하고 전능한 제1의 동자(Prime Mover)로 생각하면 그런 에너지가 발생되지 않는다. 엔트로피로 말미암아 우주는 차갑고 공허한 장소가 되고, 그 위대한 사역은 결코 이뤄지지 않을 것이다.

엔트로피는 오늘날 종교적인 삶에서 흔히 볼 수 있다. 아마도 우리가 배운 하나님이 우리는 필요하지만 우리를 필요로 하지 않는 분, 우리를 사랑하지만 너무 막강해서 우리가 사랑할 수 없는 분이기 때문일 것이다. 인간과 신의 회로, 곧 우리 각자가 사랑의 에너지의 배달장치인, 장차 탄생할 위대한 사역의 공동창조자가 되는 그 회로를 완성하는 방식으로 우리의 사랑을 불러일으킬 만한 분은 오직 취약점과 궁핍함이 있는 하나님뿐이기 때문이다. 그 회로가 완성될 때마다 우리는 우리가 고립되었다는 환상에서 벗어나 우리는 오로지 관계 속에서, 교제 속에서, 공동체 속에서만 올바른 행동을 찾을 수 있다는 지식으로 들어간다.

그 천사의 오만과 자부심은 그가 하나님보다 사태를 호전시킬 수 있다는 자신감뿐 아니라 그가 홀로 그 일을 해낼 수 있다는 자신감에도 나타난다. 그는 하나님이나 동료 천사들이나 땅 위의 사람들 등 어느 누구에게도 도움을 구하지 않는다. 그는 만일 자기가 위계질서의 꼭대기에 앉으면 만사가 형통하리라고 생각하며 전적인 집행권을 달라고 요청할 뿐이다. 그러나 이것은 완전히 잘못된 생각이다. 그 천사가 염려하는 고통의 문제는 결코 집행인의 칙령으로 해결될 수 없는 것이다. 사실 고통은 결코 해결될 수 없다. 그것은 단지 동정심으로 공유되고, 공동체 안에서 공유될 수 있는 것이고, 우리가 나서서 고통을 없애려고 할 때마다 오히려 그런 공유 작업을 약화시킬 따름이다.

그 위대한 사역이 무엇이든지 간에 그것은 분명히 공동체의 사역일 터이다. 이를 달리 표현하면, 그 천사를 원형(原型)적인 그리스도로 이해할 수 있다는 것이다. 기독교 사상에서 무척 중요한 '그리스도의 몸' 자체가 공동체의 이미지이기 때문이다. 그 천사는 부버의 이야기의 끝 대목에 깨어진 존재로 나오긴 하지만 공동체의 가능성을 향해 열린, 깨어진 존재이다. 그는 이제야 스스로 자기 충족적인 존재가 아니라는 것을 알고, 이 지식을 통하여 (하나님과, 타자들과, 그의 여러 내적 자아들과의) 관계의 중심성을 발견할 수 있는 기회를 갖고 있다. 만일 그가 이 기회를 살린다면, 만일 그 자신의 삶에서 공동체의 가능성을 실현한다면, 그의 실패는 전화위복의 경우가 되어 그는 "치료하는 날개"(말라기 4:2 참조)를 지닌 동정적인 존재가 될 것이다.

우리가 한 이야기로부터 무언가를 배울 때 그 배움의 놀라운 점은, 이야기는 결코 끝나지 않기 때문에 우리의 배움도 끝날 필요가 없다는 것이다. 하나님이 그 천사에게 위대한 진리를 전달하는 장면으로 부버의 이야기는 한시적으로 마감된다. 그런데 다음에는 무슨 일이 일어나는가? 그 천사는 치욕을 느낀 채 슬그머니 도망쳐서 그의 얼굴을 숨기는가? 그는 별안간 깨달음에 도달한 나머지 그의 실패를 계기로 중요한 배움을 얻어서 다음 단계로 나아가는가? 그는 분노에 차서 하나님을 향해 자기보다 더 큰 실패를 했다고 그분을 비난하는가? 수많은 가능성이 있다. 그중에서 우리가 어느 것을 택하든지 간에 그것은 우리에게 우리 자신과 우리의 실재관에 대해 많은 것을 가르쳐 줄 것이다.

나는 나름대로 그 이야기를 이런 식으로 연장시켜 본다. 그 천사는 고통의 필요성을 설명하는 하나님의 말씀을 경청한 뒤에 하나님께, 그처럼 어려운 진리들의 한복판에서 그것들을 수용하길 거부하거나 도전하는 무리들에 둘러싸여 사는 것이 외롭지 않느냐고 묻는다. 하나님은 하나님이 된다는 것이 쉬운 일이 아니며, 동반자와 공동체에 대한 큰 열망을 품고 있다고 시인한다. 이제야 고독한 느낌을 알게 된 그 천사는 하나님에 대한 동정심이 솟구치는 것을 경험한다. 천사와 하나님은 서로를 필요로 하고, 최대한 많은 동반자들이 필요한 존재임을 고백하고, 그들은 서로 하나가 되어 이 땅에 메시아가 다시 태어나게 된다.

이런 일이 이야기에서나 실제로 발생한다면, 그것은 최초의 것도 아니고 최후의 것도 아닐 것이다.

"광야의 예수":
행동하라는 유혹

6장

—

광야의 경험

　이번 장과 다음 장에서는 부버와 장자의 이야기보다 우리에게 더 친숙한—우리에게 친숙하다는 것이 문제일지도 모른다—두 가지 이야기를 탐구할 생각이다. 이것은 우리가 줄곧 들어온, 성경에 나오는 이야기들이다. 우리는 그에 대한 해석을 자주 들었기 때문에 새로운 의미에 대해 닫혀 있을 수 있고, 우리가 아예 교회 자체에 대해 닫혀 있다면 그 이야기들에 의미가 있다는 것을 믿지 않을 수도 있다. 이 이야기들에서 예수가 중심인물이라는 사실이 어떤 이들에게는 걸림돌이 될지도 모른다. 그의 이름을 듣고는 무슨 일이 있어도 보이지 않게 지켜야 할 거룩한 유골을 떠올리든지, 헛된 위안을 위해 무지한 사람이 보존한 신빙성 잃은 세계관을 떠올릴 수 있다.

　나로서는 기독교 전통에서 동떨어진 사람들이나 고정관념을 품고 있는 사람들에게 이 이야기들이 믿을 만한 것임을 입증할 수 없다. 그러나 우리가 나무조각가와 천사의 이야기들을 대할 때처럼 자유로이 예수의 이야기들과 상호작용을 나눌 수 없다면, 우리는 막대한 손해를 볼 것이다. 그것들은 모두 위대한 이야기들이기 때문이다. 우리가 이 예수 이야기들에 접근할 때에도 도교 이야기와 하시디즘 이야기에 본능적으로 접근할 때에 지녔던 참신함과 낯선 느낌, 호기심과 미심쩍음을 보존할 필요가 있다.

그리스도인은 이 이야기들에 나오는 예수를, 거듭해서 어떤 신학적 논점을 증명하도록 조종되는 로봇이 아니라 극적인 행동을 취하는 인물로 볼 필요가 있다. 그리고 기독교를 배척하는 사람들은 예수의 인간성을 인정할 필요가 있다. 우리가 이런저런 이데올로기를 변호하려 하지 않고 무너뜨리려고 하지 않는다면, 진리를 진지하게 찾는 사람들이 들려주는 여느 이야기에서 발견할 수 있는 만큼 풍부한 통찰력을 여기서도 찾게 될 것이다.

"예수가 받으신 시험"

예수께서 성령으로 가득하여 요단 강에서 돌아오셨다. 그리고 그는 성령에 이끌려 광야로 가셔서, 사십 일 동안 악마에게 시험을 받으셨다. 그동안 아무것도 잡수시지 않아서, 그 기간이 다하였을 때에는 시장하셨다. 악마가 예수께 말하였다. "네가 하나님의 아들이거든, 이 돌더러 빵이 되라고 말해보아라." 예수께서 악마에게 대답하셨다. "성경에 기록하기를 '사람은 빵만 먹고 사는 것이 아니다' 하였다."

그랬더니 악마는 예수를 높은 데로 이끌고 가서, 순식간에 세계 모든 나라를 그에게 보여주었다. 그러고 나서 악마는 그에게 말하였다. "내가 이 모든 권세와 그 영광을 너에게 주겠다. 이것은 나에게 넘어온 것이니, 내가 주고 싶은 사람에게 준다. 그러므로 네가 내 앞에 엎드려 절하면, 이 모든 것을 너에게 주겠다." 예수께서 악마에게 대답하셨다. "성경에 기록하기를 '주 너의 하나님께 경배하고, 그분만을 섬겨라' 하였다."

그래서 악마는 예수를 예루살렘으로 이끌고 가서, 성전 꼭대기에 세우고, 그에게 말하였다. "네가 하나님의 아들이거든, 여기에서 뛰어내려 보아라. 성경에 기록하기를 '하나님이 너를 위하여 자기 천사들에게 명해서, 너를 지키게 하실 것이다' 하였고, 또한 '그들이 손으로 너를 떠받쳐서, 너의 발이 돌에 부딪히지 않게 할 것이다' 하였다." 예수께서 악마에게 대답하셨다. "성경에 기록하기를 '주 너의 하나님을 시험하지 말아라' 하였다."

악마는 모든 시험을 끝마치고 물러가서, 어느 때가 되기까지 예수에게서 떠나 있었다.

예수께서 성령의 능력을 입고 갈릴리로 돌아오셨다. 예수의 소문이 사방의 온 지역에 두루 퍼졌다. 그는 유대 사람의 여러 회당에서 가르치셨으며, 모든 사람에게서 영광을 받으셨다. (누가복음 4:1-15, 새번역).

우리가 이 낯선 이야기 속으로 발걸음을 내디디면서 이 대목이 예수의 생애에 관한 누가의 전반적인 이야기 속에 차지하는 위치를 주목할 필요가 있다. 이전의 장들에서는 예수의 탄생과 그것을 둘러싼 사건들에 관해 얘기하되 누가는 예수의 첫 30년에 대해 아는 것이 거의 없다고 진술한다. 이후의 장들은 행동하는 예수의 이야기를 줄줄이 들려준다. 복음을 전파하는 예수, 대적과 부딪히는 예수, 치유하는 예수, 죽어가는 예수 등. 그래서 예수가 광야에서 겪은 시험에 관한 이 짧은 이야기는 그가 감춰진 사생활에서 눈부신 공생활로 들어가는 지점, 무명의 인물에서 세계 역사를 바꾸는 유명한 행동으로 전환하는 중요한 지점에 위치하고 있다.

예수의 시험에 관한 내러티브가 여기에 배치된 것은 우연한 일이 아니다. 이는 훌륭한 이야기꾼의 솜씨, 고전적인 신화에 밝은 재능을 반영해 준다. 이 시험은 예수가 올바른 행동의 세계에 접근하려면 반드시 통과해야 하는 입구, 그를 정련하여 장자의 말을 빌리면 "가련하지" 않은 활동적인 삶을 떠맡을 수 있게 하는 용광로에 해당한다. 부버의 이야기는 천사가 큰 시험에 직면하는 것으로 끝나는 데 비해 예수의 활동적인 삶에 관한 누가의 이야기는 시험과 함께 시작한다. 그리고 예수가 시험에 대처하는 방식이 나머지 모든 이야기를 가능하게 만든다. 예수의 활동적인 삶의 문턱에 있었던 예수와 악마의 만남으로부터 우리는 많은 것을 배우게 된다.

이 이야기는 불과 열두어 문장으로 압축되어 있기 때문에 그 시험들이 그저 예수와 악마가 재치 있는 말을 주고받을 만큼 짧은 시간에 이루어졌다고 상상하기가 쉽다. 그러나 그렇게 생각하는 것은 잘못이다. 그것은 마치 예수가 아주 손쉽게 악마를 물리친 것처럼 그의 인간성을 빼앗는 것이기 때문이다! 이 이야기는 예수가 "사십 일 동안 악마에게 시험을 받으셨다"라고 말한다. 성경에 나오는 40은, 물론 대홍수 기간에 비가 내린 날수이자 이스라엘 백성이 광야에서 방황한 연수이다. 그것은 단지 '긴 기간'을 상징하는 숫자일 따름이다.[1]

그런즉 예수는 상당한 기간에 걸쳐 거듭해서 이런 시험들과 씨름했던 것이다. 그의 씨름은 우리가 텔레비전에서 보는 각본화된 그런 것이 아니라 인생 그 자체만큼이나 결과가 불확실한 피땀이 뒤엉킨 몸부림이었다. 사실 이야기의 끝부분에 예수가 마침내 악마를 물리친 뒤에도 그의 씨름이 끝나지 않았다고 기록되어 있다. "악마는 모든 시험을 끝마치고 물러가서, 어느 때가 되기까지 예수에게서 떠나 있었다." 이 이야기는 시험은 끝이 없다는 것과 올바른 행동을 위한 초기의 테스트는 거듭해서 통과해야 한다는 것을 보여준다. 만일 우리가 예수의 고뇌를 슬쩍 지나가는 몇 마디의 대화로 축소한다면, 그것은 우리 자신과 예수에게 폐를 끼치는 짓이다.

이 이야기를 이해하려면 애초에 예수가 어떻게 광야로 들어가게 되었는지를 주목할 필요가 있다. 어떻게 해서 그가 여태껏 알지 못했던 가장 어려운 도전을 직면하게 될 그 외롭고 혹독한 장소로 가게 되었을까? 물론 그를 거기로 데려간 것은 악마였다. 그런데 이 이야기는 "성령에 이끌려 광야로 가셔서, 사십 일 동안 악마에게 시험을 받으셨다"라고 한다. 아니, 하나님이 이 누가의 이야기에서 어둠의 세력과 연맹을 맺다시피 했다니 얼마나 이상한가!

물론 삶의 깊은 차원에서는 일이 이렇게 벌어지는 법이다. 내가 우울증으로 한창 고생하고 있을 때 나의 영적 지도자에게 이렇게 물은 적이 있다. 우울증에 걸리기 얼마 전만 해도 하나님과 아주 가깝다고 느꼈었는데 이게 어찌된 일인가 하고. "간단합니다. 당신이 빛에 가까이 가면 갈수록 어둠에 더 가까이 가기 때문이지요." 그녀의 대답이었다. 인생의 가장 심오한 것들은 하나씩 오지 않고 역설적인 쌍으로 오는 법이다. 빛과 어둠이 뒤섞여 있는 모습으로 온다는 말이다. 이 시험 이야기는 하나님의 영이 안전하지 않고 위험하다는 점과 성령의 충동에 따라 행하는 자들은 때때로 굶주림과 목마름과 두려움에 빠지게 될 것이라는 점을 분명히 하고 있다.

영(the Spirit)에 관한 이야기는 우리에게 조금 통할지 몰라도 악마에 관한 이야기에는 우리가 넌더리를 낸다. 우리는 하나님의 이미지를 턱수염이 달린 노인으로 생각하기 어려운 만큼 모자를 쓰고 뿔이 달린 악의 화신도 상상하기가 어렵다. 이런 노래 가사가 있다. "악마가 처음에는 나로 그 짓을 하게 만들었지. 두 번째는 나 스스로 그렇게 했지." 이는 오늘날에는 악마가 우스갯거리는 될지 모르나 다른 쓸모는 없음을 보여준다.[2]

그런데도 우리는 여전히 악마를 거론할 것이다. 현대인의 귀에 거슬리지 않는 언어로 그렇게 한다. 우리는 더 이상 어떤 사람이 사탄에 사로잡혔다고 말하지 않을지 몰라도, 그(녀)는 권력에 굶주렸다거나 성격 장애를 갖고 있다는 식으로 쉽게 말한다. 우리는 더 이상 어떤 사회가 악한 자의 지배를 받고 있다고 말하지 않을지 몰라도, 제도적인 인종차별이나 성차별은 쉽게 입에 담는다. 만일 우리가 이런 심리적 조건과 사회적 조건에 의해 어떻게 "시험을 받는지"를 이해할 수만 있다면, 만일 우리가 동일한 악과 병폐에 대해 고대의 악마 담론을 현대적인 용어로 번역할 수만 있다면, 우리는 예수의 시험 이야기에 더 깊이 들어갈 수 있을 것이다.

우리가 상상력을 한껏 발휘한다면 그보다 더 깊이 들어갈 수 있을 것이다. 나는 성경적인 관념, 즉 악마는 "하나님께 반역하고 신의 특권을 넘보았기 때문에 하늘에게 쫓겨난 천사"[3]라는 관념에 무척 흥미를 느낀다. 이 관념은 예수의 이야기를 (부버가 들려주는) 땅을 지배하는 신적 권세를 원했던 천사의 이야기와 연결시켜 주고, 부버의 천사가 실패로부터 배운 교훈을 더욱 뚜렷하게 보여준다. 이 성경 이야기에 나오는 악마는 사물을 바로잡으려고 했으나 실패로부터 배우기를 거부한 천사인가? 이 악마는 아직도 동일한 실수를 기꺼이 감수하려는 동맹을 찾아서 사물을 바로잡으려 하고 있는가? 예수가 활동적인 삶을 착수하는 시점에 직면했던 그 시험들을 탐구하는 동안 우리는 이런 질문들을 늘 염두에 두자.

이 돌을 빵으로 만들라

우리는 이 탐구를 시작하면서 먼저 시험(temptation)의 본질을 이해할 필요가 있다. 이 단어는 종종 부정적인 뉘앙스를 풍긴다. 우리가 걸을 때 지극히 조심하지 않으면 빠지기 쉬운 함정, 떨어지기 쉬운 웅덩이를 연상시킨다. 전통적인 지혜는 무슨 대가를 치르더라도 유혹을 피하라고 일러주며, 만일 피하지 않으면 결국에는 우리의 불멸의 영혼까지 잃을 수 있는 치명적인 싸움에 갇히게 될 것이라고 한다.

그런데 시험이란 단어는 교훈적인 뿌리를 갖고 있다. 라틴어 'temptare'는 '만지다', '시험하다', '실험적으로 느끼다'란 뜻을 지니고 있다. 이 단어 깊숙한 곳에는 우리가 어떤 것과의 관계를 알고 싶으면 그것을 실행해 봐야 한다는 진리가 담겨 있다. 이런 함정들 중 일부는 실험적인 배움의 기회, 곧 우리의 성장에 필요한 심오한 지식의 원천에 도달할 기회가 될 수 있다. 어쩌면 행동의 길은 치명적인 웅덩이투성이가 아니라 만지고 시험하고 시도할 기회가 즐비할지도 모른다. 우리가 그 길을 걸을지 여부와 어떻게 걸을지는 우리가 그 시험을 어떻게 이해하느냐에 달려 있다.

내가 시험에 대해 이런 긍정적인 글을 쓰는 순간 "만일 그것이 독이라고 생각한다면 그 점을 확실히 하기 위해 그것을 마시지 말라"는 격언이 떠오른다. 그러나 "어떤 사람에게는 고기인 것이 다른 사람에겐 독이다"와 같은 다른 옛 격언도 있다. 또한 다음과 같은 앙드레 모로와의 예리한 말도 있다. "순전한 진리가 독이 되는 사람들도 존재한다."⁴

우리가 광야의 예수 이야기를 쉽게 예측할 수 있는 도덕 게임이 아닌 다른 것으로 경험하려면, 우리는 시험이 지닌 교육적인 잠재력에 대해, 시험은 단지 피하라고 거기에 있는 것이 아니라는 사실에 대해 열려 있어야 한다. 나는 다시금 그 옛날 신학자, 아담과 하와가 에덴동산에서 시험에 져서 우리에게 인간 의식과 역사의 풍성한 유산을 남겨준 사실에서 그냥 '죄'를 보지 않고 '행복한 죄'를 보았던 그 신학자를 주목하는 바이다. 그 유산은 우리를 궁지에 빠지게 하지만, 우리가 인간 경험의 의식적인 공동창조자라는 사실은 큰 값을 주고 산 진주이다. 설사 당신 앞에 시험이 닥쳐서 당신이 아담과 하와처럼 낙제점을 받을지언정, 그것이 치명적인 실패가 아닐 수도 있다. 그것은 진리에 이르는 위대하고 창조적인 여정의 입문일지도 모른다.

예수가 직면하는 첫 번째 시험에서 악마는 "네가 하나님의 아들이거든, 이 돌더러 빵이 되라고 말해보아라" 하고 말한다. 그러나 예수는 악마의 제안을 거부한다. "성경에 기록하기를 '사람은 빵만 먹고 사는 것이 아니다' 하였다." 아이러니한 사실이 있다. 이 인용문을 보고 일부 그리스도인들은 악마가 박수갈채를 보내는 죄, 즉 가난과 굶주림을 무시할 정도로 인간의 기본 욕구를 영적으로 승화시키는 죄에 굴복했다는 사실이다. 이 그리스도인들은 예수의 말씀이 굶주리는 사람을 먹이지 않고 그들의 '영혼을 구원하려는' 시도, 가난한 사람들의 입에 음식을 넣지 않고 그들의 정당한 몫을 빼앗는 불의를 도전하지 않고 그들의 '영적인' 필요를 다루려는 시도를 정당화시킨다고 잘못 생각한 것이다.

그러나 이 예수의 말씀, 돌을 빵으로 만들기를 거부한 그의 행동은 어디까지나 굶주린 사람들이 아닌 악마에 대한 반응이다. 예수가 이 시험들을 거치고 공적인 사역에 착수한 뒤에는 많은 '기적'을 행한다. 그 가운데는 배고픈 사람들에게 빵을 지급하는 일도 포함되어 있다. 예수와 말하고 행하는 것은 당시의 맥락과 관계가 있고, 상황이 적절할 때에는 진정한 필요를 충족시키기 위해 자기의 능력을 마음껏 발휘한다. 이 이야기에서는 왜 상황이 부적절한지를 이해하기만 하면 된다.

악마는 돌을 빵으로 만들라는 도전을 제기하기에 앞서 우리에게 친숙한 조롱, 곧 "네가 하나님의 아들이거든…"이란 말을 던진다. 우리는 스스로 하나님의 아들이라고 생각한다고 놀림을 받을 일이 없겠지만, 그 조롱의 말씨는 우리가 안팎으로 듣는 목소리를 상기시켜 준다. "네가 그렇게 능력이 있다면…", "네가 진짜 여자 혹은 남자라면…", "네가 정말로 관심이 있다면…", "네가 그처럼 좋은 부모라면…" 등. 이런 뿌리 깊은 시험은 거의 저항할 수 없는 것이다. 그것은 우리가 도무지 할 수 없다는 것을 알고 있는 것, 곧 마술을 부리라는 시험이 아니다. 그것은 우리가 반드시 해야 한다고 느끼는 것, 곧 우리의 정체성을 증명하라는 시험이다.

그 시험이 예수의 경우에는 특별히 강도가 높았을 것임에 틀림없다. 하나님의 아들, 메시아의 도래는 이스라엘의 역사에서 오래도록 고대했던 사건이 아니었던가? 예수 당시에나 그 이전에 히브리 백성은 왕인 체하는 사람들을 많이 보았고 또 배척했다. 그 백성이 고대했던 메시아는 이스라엘의 삶을 위협했던 대적들을 무너뜨릴 전사, 즉 왕의 모습으로 오게끔 되어 있었다.

그런데 여기에 조금 전에 세례 요한이 메시아로 선포했던 예수가 있다. 소문이 퍼져가고, 사람들은 그 예언이 드디어 실현되었다고 믿기 시작한다. 예수 자신도 이 역사적 순간의 감정적 소용돌이에 영향을 받았을 것이다. 그때 악마가 와서 "자 먼저 그것을 증명해 봐라. 굉장한 마술을 행하여 네가 하나님의 아들인 것을 증명해라. 네가 누군지 그 증거를 우리에게 보여줌으로써 네 에고를 북돋우고 더 많은 신자를 확보해라"라고 한다. 자기가 하나님의 특별한 소명을 받았다고 믿었음직한 예수는 드라마틱한 재주로 자신과 타인에게 그 소명을 '증명할' 기회를 얻게 된 것이다.

만일 예수가 그 기회를 잡았더라면, 그는 우리에게 장자의 시, "활동적인 삶"에 나오는 인물들을 상기시켜 주었을 것이다. 강하다는 것을 증명하려고 들어 올릴 것을 찾는 강한 남자나 용감하다는 것을 증명하려고 비상사태를 찾는 용감한 여자와 같은 사람들. 장자는, 자기가 메시아임을 증명하기 위해 기적을 행하라는 요청이 필요한 그런 메시아를 조롱했을 것이다. 만일 예수가 악마에게 단지 자기가 하나님의 아들임을 보여주려고 돌을 빵으로 만들었다면, 그는 문화적 기대란 톱니바퀴 속에 갇힌 채 환경적으로 어떤 역할을 수행해야 한다는 강박에 사로잡혀 기계와 같이 행동하는 우를 범했을 것이다.

예수가 보인 반응은 문화적인 기대에 아랑곳하지 않고 '하나님의 아들'을 자신의 진리 의식에 맞추어 재정의함으로써 가능해진다. 예수는 자신이 하나님의 음성이 아닌 다른 어떤 음성에도 책임질 존재가 아니라고 생각하고, 따라서 악마에게 무엇이든 '증명하길' 거부하는 태도를 통해 사실상 그 자신이 이해하는 바로 그 하나님의 아들임을 증명하고 있는 셈이다. 이것은 물론 결코 간단한 일이 아니다. 본인의 내면의 빛을 좇는 일은 언제나 하나의 몸부림이기 때문이다.

당신이 외적인 요구 조건을 충족시키기를 거부하고 공적인 검증이 가능한 결과를 생산하길 거부할 때, 당신은 일반적인 의미에서 아무것도 증명하지 않는다. 그 대신 회피한다든가 겁이 많다는 비난을 받기 십상이고, 우리 중 다수가 매달리고 있는 외적인 확증의 기회를 저버리는 셈이다. 그러면 마음속으로 당신이 정말 누구인지에 대해 헷갈릴 수도 있다. 어쩌면 이런 일이 예수의 내면에 일어나고 있었을지 모른다. 만일 그랬다면, 바로 이 시험은 우리의 삶에서 그렇듯이 그의 삶에서도 더욱더 강력한 힘을 발휘했을 것이다.

그런데 여기서 예수가 받는 테스트는 그의 영적인 정체성에 관한 것만이 아니다. 아주 실제적인 굶주림의 문제와도 관련이 있다. 예수가 상당 기간 광야에서 금식을 하여 "그 기간이 다하였을 때에는 시장하셨다"는 사실에 비추어 보면, 악마가 합리적인 목소리로, 어쩌면 동정어린 목소리로 "이 돌더러 빵이 되라고 말해보아라"라고 말하는 듯하다. 헨리 나우웬은 이것을 적실성의 시험(temptation to be relevant)이라고 부른다. 나우웬에 따르면, 이는 우리가 때때로 직면하는 시험인데, 어떤 문제를 전혀 해결할 수 없는 수준에서, 그리고 심지어는 사태를 악화시킬 수 있는 수준에서 그것을 "해결하라"는 시험을 말한다.[5]

광야에 있는 예수의 진짜 문제는 굶주림이 아니다(외부의 관찰자에게는 굶주림이 문제로 보일지 모르지만). 따라서 그의 진정한 해결책도 빵이 아니다. 상당 기간 금식을 하면, 당신의 몸이 음식의 결여에 적응하여 하루 세끼씩 먹던 때처럼 게걸스러워지지 않는다. 금식을 하면 규칙적으로 음식을 먹을 때는 느끼지 못했던 신체적인 평안을 깊이 느낀다고 한다. 그리고 금식이 끝날 때가 되면 먼저 수분과 부드러운 음식만 섭취하면서 서서히 몸을 회복한다. 그러니까 빵을 덥석 삼키지 않는다는 말이다. 우리가 금식 중인 사람을 돕겠다고 나서서 당장 무언가를 먹으라고 다그치며 '적실하게' 되려고 했다가는 전혀 부적절한 존재가 될 뿐 아니라 오히려 해를 입힐 가능성이 많다.

진정한 적실성은 미묘한 성격을 갖고 있다. 그런데 이것은 적실성의 개념 자체가 배제시키는 듯이 보인다. 금식하는 예수에게 정말로 필요한 것은 양식이 아니다. 실상 그에게는 외적인 것이 필요 없다. 양식뿐 아니라 칭찬과 비판, 이득과 성공으로부터도 금식했던 그 나무조각가와 같이 예수에게 정말로 필요한 것은 자기의 사명에 대한 내적인 확증이다. 그런데 이 확증은 신체적 욕구를 충족할 때보다 금식을 할 때 찾을 가능성이 더 높다. (그렇다고 해서 영적인 성취를 위하여 계속 금식을 해야 한다는 뜻은 아니다. 복음서는 광야 경험 이후에 예수가 헤롯과 느부갓 네살이 참여한 잔치보다 더 많은 잔칫상에 앉아서 먹었다고 시사한다.)

얼핏 적실하게 보이는 행동이 극도로 부적절한 것으로 판명되는 경우도 있다. 예컨대 부모는 특별한 장난감을 사달라는 자녀의 요구를 들어준다고 해서 그 자녀의 문제가 반드시 해결되는 건 아니라는 점을 알고 있다. 그들은 그 문제 배후에 있는 문제를 다뤄야 하는데, 그것은 자녀의 만족 지연이나 단순한 자립의 역량일 수도 있다. 교사들은 학생이 묻는 질문에 해답을 준다고 해서 그 학생의 문제를 반드시 해결하는 건 아니라는 점을 알고 있다. 진짜 문제는 그 학생이 스스로 해답을 찾는 능력일지도 모르므로, 해답을 보류해야 그 학생의 배움의 역량을 키울 수도 있는 것이다. 적실성의 시험은 어떤 문제의 외적인 환상만 다루고 그 내적인 진실을 무시하라는 시험인 경우가 많다.

내가 너에게 권세를 주겠다

두 번째 시험에서는 악마가 예수를 높은 곳으로 데려가서 지상의 영광과 권세를 보여준다. 악마는 권세와 영광이 그에게 속해 있는

데, 만일 예수가 그를 경배하면 그 모든 것을 예수에게 주겠다고 말한다. 그러나 예수는 오직 하나님만 섬기라는 성경의 명령으로 이 두 번째 제안을 물리친다.

이런 권력의 시험은 오늘날 도처에 널려 있기 때문에 나로서는 어느 것을 택할지 모를 지경이다.[6] 몇 해 전에 존 딘과의 인터뷰를 들었던 것이 기억난다. 그가 워싱턴에서 젊은 변호사로 일하던 시절, 닉슨이 그에게 대통령 특별 자문역을 맡아달라고 부탁했을 때 권력의 덫의 유혹에 금방 빨려들었다. 거기에는 해병 경호단, 대통령 전용기 동승, 대통령 별장이 있는 샌클레멘테 방문, 크나큰 영향력과 명성 등 많은 특권이 있었다. 딘은 물론 닉슨을 사임시킨 워터게이트 음모에 가담한 주요 인물 중의 한 사람이 되었다. 그렇게 해서 딘은 나름대로 예수의 두 번째 시험을 우리보다 더 극적인 방식으로 몸소 경험했던 것이다.

악마가 이 시험을 내놓기 위해 예수를 "높은 곳으로" 데려간 것은 우연이 아니고, 존 딘이 지상에서 가장 높은 자리의 권력에 유혹을 받은 것도 우연이 아니며, 부버의 천사가 지극히 높은 하늘로부터 땅에 거짓된 복을 "풀어놓은" 것도 우연이 아니다. 우리를 시험하는 권력은 타인과 함께하는 혹은 타인을 위한 권력인 경우는 없고 언제나 무언가 혹은 누군가 위에 군림하는 권력이다. 이 높이의 이미지는 문학적인 고안물 이상의 것이다. 그것은 우리가 우리를 모든 것

위에 두겠다고 약속하는 권력을 수용할 때 우리가 굴복하게 되는 두 가지 환상을 보여준다.

첫 번째 환상은 일단 우리가 모든 것 위에 있게 되면 우리 아래 있는 사람들의 고통에 빠질 필요가 없다는 것이다. 우리가 우리의 권력을 선하게 사용할 생각이든 악하게 사용할 생각이든, 권력이 우리를 괴로운 상황에 빠지지 않게 해준다고 생각하면 위안이 된다. 두 번째 환상은 우리를 모든 것 위에 두는 권력은 우리를 타락시키지 않을 권력이라는 것이다. 그 출처가 아무리 미심쩍다 하더라도, 그런 권력은 사소한 권력이 단순한 인간을 옭아매는 저 왜곡된 세상에서 우리를 벗어나게 해줄 것처럼 보인다.

예수는 모든 것 위에, 저 높은 곳에 섰을 때 이런 환상들과 씨름했을 것이 틀림없다. 비록 악마가 그 권력의 근원이긴 했지만, 예수는 이 권력이 그를 그 근원 위에 두어 악마적 목적이 아닌 경건한 목적을 위해 그것을 사용할 수 있게 해줄 것이란 생각을 했을 것이다. 그리고 만일 예수가 장차 닥칠 고난을 직관적으로 알았다면, 그는 자신은 다치지 않고 선을 행하도록 해주겠다고 약속하는 권력의 유혹을 심하게 받았을 것이다.

그러나 권력은 우리의 도덕적인 힘에 따라 이런 식으로나 저런 식으로 이용되는 중립적인 도구가 아니다. 어떤 권력의 형태이든 그것은 비껴갈 가능성이 별로 없는 그 자체의 도덕적 궤도, 윤리적 경로와 목적을 담고 있다. 존 딘이 리처드 닉슨에게서 받았던 권력은 정치와 개인적 관계와 에고의 제약을 받는, 유연성이 거의 없는 것이었다. 대통령 특별 자문으로서 딘의 권력이 지닌 도덕적 궤도는 이미 정해져 있어서, 만일 딘이 그 경로에 동의하지 않으면 그것을 바꿀 수는 없고 단지 거부할 수만 있을 뿐이었다.

이와 같은 권력은 그 자체의 생명을 갖고 있다. 우리가 일단 그것을 붙잡으면, 그것이 우리를 붙잡기 때문에, 우리가 그 손아귀에서 벗어나려면 초인적인 노력이 필요하다. 사물에 군림하는 권력이 처음에는 도구처럼 보일지 몰라도, 그것을 붙잡는 사람은 곧 권력 자체의 강한 손아귀에 갇힌 도구가 될 것이다.

이와 같은 성찰이 예수가 악마의 유혹적인 제안을 거부하는 데 도움이 되었을 것이다. 하지만 이보다 더 도움이 되었을 법한 것은 우리가 잘 묻지 않는 단순한 질문—"이 친구가 정말로 자기가 내게 줄 수 있다고 말하는 그것을 갖고 있을까?"—이다. 이 두 번째 시험에 깔려 있는 전제는 "이 모든 권세와 그 영광이… 나에게 넘어온 것이니, 내가 주고 싶은 사람에게 준다"는 악마의 주장이다. 그런데 이것은 참말인가? 딘에게 한 닉슨의 제안에 깔려 있는 전제는 그가 딘의 인생에 최고의 꿈을 능가하는 의미와 목적을 줄 수 있다는 암묵적인 주장이었다. 그런데 의미와 목적은 과연 닉슨의 것이었는가?

이에 대한 답변은 그 질문만큼 뻔하다. 그런데도 우리는 그 질문을 잘 던지지 않는다. 이는 권력의 제안이 우리에게서 상식을 빼앗을 수 있다는 것을 보여주는 증거다. 사람은 자기가 갖고 있지 않은 것을 줄 수 없는데도 불구하고, 바로 이것을 약속하는 상호교환이 날마다 수없이 이뤄지고 있다. 물론 그런 약속이 명시적이지 않을지 모르지만 그것은 약속하는 자의 간계만큼이나 받는 자의 탐욕에서 생긴다. 이런 약속은 그야말로 기만인데도 불구하고 여전히 존재하고 유혹적이기까지 하다.

이런 예는 수없이 많다. 사람들이 돈을 자동차와 교환할 때에는 종종 운송수단 이상의 것을 산다. 그들은 자유의 환상을 사고 있는 것이다. 사람들이 교육을 위해 돈을 지불할 때에는 지식 이상의 것, 학점과 학위 이상의 것을 기대한다. 그들은 지위와 존엄을 원하는 것이다. 사람들이 돈을 주고 헬스클럽에 가입할 때에는 운동 이상의 것을 원한다. 종종 친구관계와 공동체 의식을 추구하는 것이다. 자동차 제조업자나 교육자나 클럽 운영자가 이런 '그 이상의 것'을 제공할 수 없다는 사실은 중요하지 않다. 그것은 계약에 내재되어 있고, 그들이 그 상품을 팔도록 도와주고, 많은 구매자는 그 약속이 실현될 수 있는지 여부를 묻지 않는다.

예수가 오직 하나님만 경배하고 섬기라는 성경의 명령을 인용하면서 악마의 제안을 거부하는 것은 단지 경건의 몸짓에 불과한 것이 아니다. 또한 윤리적인 당위성을 선언하는 것도 아니다. 단순한 사실을 진술하고 있는 것이다. 권력과 영광은 악마가 줄 수 있는 것이 아니라는 사실. 그것들은 하나님께만 속해 있고, 오직 하나님을 통해서만 우리가 그런 것을 소유할 수 있다.

만일 예수가 악마를 경배했다면, 그것은 부도덕하다기보다 어리석은 짓이었을 것이다. 악마는 우리가 그의 허식에 반응하는 만큼의 권력만 가질 뿐이다. 그러나 우리가 그 허식을 벗겨내면 악마는 병적인 존재로 전락하여, 약간의 돈만 내면 황금알을 낳는 거위를 소유할 수 있다고 떠드는, 텔레비전 속에서 물건을 선전하는 사람과 같은 처지가 된다. 예수에 의해 그 허식이 벗겨진 악마의 모습은 마치 사임한 날의 리처드 닉슨, 존 딘이 유혹을 받은 날에 보았던 모습과는 전혀 다른 인물, 벌거벗은 임금과 같은 꼴이 아니었을까 하는 생각이 든다.

뛰어내려 보라

이 세 번째 시험에서는 악마가 "예수를 예루살렘으로 이끌고 가서, 성전 꼭대기에 세웠다." 다시금 악마는 "네가 하나님의 아들이거든…" 하고 조롱하면서 이번에는 그 난간에서 몸을 던지라고 도전한다. 그러면서 네 수호천사가 너를 다치지 않도록 지켜줄 것이라고 성경이 약속하지 않느냐고 말한다. 그러나 예수는 하나님을 시험하지 말라는 성경의 명령을 인용하며 거부한다.

악마가 예수를 예루살렘으로 "이끌고 가서" 그를 성전 난간에 "세웠다"는 사실은 어느 차원에서는 예수가 전혀 저항하지 않았음을 보여준다. 예수는 [성령에게] 이끌려 광야로 갔고, 이어서 높은 곳으로 이끌려 갔고, 끝으로 성전으로 이끌려 갔다. 각 경우에 그는 전혀 싸우지 않고 혹은 싫은 기색이 없이 따라갔던 것이다. 어쩌면 다음에 무슨 일이 생길지를 알고 싶은 마음으로 갔을지도 모른다. 어쨌든 만일 이번에 가는 것을 거부하면 그 시험이 다음에 다른 명목으로 다가올 것임을 알았기 때문에 따라갔던 것이다. 달리 말하면, 그는 조만간에 그 도전에 직면하여 어떤 반응을 보여야 할 것임을 알았다는 뜻이다. 그럴 바에는 지금 반응을 보이는 게 낫지 않을까?

이렇게 생각할 수도 있다. 예수가 시험의 장소들로 이끌려 가는 것을 저항하지 않는다는 사실은 그가 진정한 저항을 위해, 즉 악마에게 반드시 보일 '거부' 반응을 위해 에너지를 절약할 수 있었음을 보여준다고. 시험에 저항한다는 것은 시험받을 장소에 가는 걸 거부하는 것이나 인생의 곤경을 피하는 것을 뜻하지 않는다. 우리는 그런 장소들에 가지 않으면 안 된다. 그곳들은 인생 여정에 꼭 필요한 정류장들이기 때문이고, 이 여정은 여행 자체를 놓고 싸우느라 에너지를 탕진하면 안 되는 행로이기 때문이다. 진정한 과업은 우리를 이끄는 곳으로 가서 거기에 무엇이 있는지를 보고 우리 자신의 진실에 입각하여 반응하는 일이다.

이 세 번째 시험의 경우, 악마가 자기 입장을 지지하기 위해 처음으로 성경을 인용했기 때문에 예수로서는 거부하기가 더 어려웠을 것이다. 여기서 악마가 머리를 굴리는 모습이 보이는 듯하다. 두 차례나 예수가 자기의 간청을 성경 말씀으로 격퇴하는 것을 본 악마는 스스로 '좋다, 둘이서 그 게임을 할 수 있겠다…'라고 생각한다. 그러나 예수는 기세가 전혀 꺾이지 않고 곧바로 성경을 인용한다.

모든 종교적인 사람들은 당장에 자기 목적에 부합하는 성경 구절을 강조한다는 점에서 '선택적인 근본주의자들'이라고 누군가 말한 적이 있다. 적어도 예수와 악마의 대화는 올바른 행동이 단순히 성경으로부터(혹은 어느 책으로부터도) 나올 수 없다는 것을 보여준다. 올바른 행동 배후에 있는 진리는 명제적인 것이 아니라 인격적인 것이다. 그것은 그 사람 바깥이 아니라 속에서 나와야 하는 것이다.

악마는 자기가 인용하는 말 바깥에 서 있다. 예수를 조종하기 위해 그것을 이용하고 있을 뿐이다. 그러나 예수는 자기의 말 안에 서 있다. 그는 그 말을 믿는다. 그렇지 않으면 그 말이 예수에게 힘을 주지 않을 것이다. 게다가 예수가 인용한 말은, 진정한 의미에서 악마가 선택하는 말보다 더 근본적인 것이다. 악마는 천사의 도움에 대해 막연한 억측만 하는 데 비해, 예수는 우리와 하나님의 관계에 대한 근본적인 진리를 상기시킨다. "주 너의 하나님을 시험하지 말아라."

다시금 말하지만, 만일 우리가 그 말을 당위적인 것, 즉 윤리적 명령으로 이해한다면 그것을 잘못 해석하는 셈이다. 그것은 사실적인 진술이다. 설사 우리가 하나님을 시험하고 싶어도 그렇게 할 길이 없고, (이 경우에는) 물질세계의 물리적 존재에 적용되는 법칙을 변경할 방법이 없다. 하나님이 당신을 구출할지를 보려고 높은 빌딩에서 뛰어내림으로 그분을 시험하는 일이 도덕적인 잘못은 아니라고 나는 생각한다. 그것은 한마디로 멍청한 짓이다. 그런 점프는 도덕적 타락의 결과가 아니라 기본적인 실재를 놓친 결과일 터이다. 예수는 악마에 대해 우월한 윤리나 성경적인 학식이 아니라 상식, 곧 실재에 대한 감각으로 대처한다.

(이 이야기에서 예수가 지혜롭게 중력의 법칙을 시험하길 거부하는 것과 부버의 이야기에서 천사가 과감하게 고통의 법칙을 깨려고 하는 것 사이에는 물론 중요한 차이점이 있다. 예수에게 그런 행동을 하도록 부추긴 것은 악마인 반면에 천사의 행동을 자극하고 권한을 부여한 것은 하나님이다. 예수는 그 자신만을 위해 행동할 뻔했는 데 비해 천사는 부분적으로 타인들을 위해 행동한다. 중력의 법칙은 물리적이라서 깨어질 수 없고 다만 다른 물리 법칙들에 의해 수정될 수 있을 뿐이다. 이에 비해 고통의 법칙은 마음의 문제라서 참된 동정에 의해 완화될 수 있다.)

헨리 나우웬은 이 세 번째 시험을 눈부신 과시의 시험(tempta-tion

to be spectacular)이라고 부르는데, 아마도 셋 중에 가장 저항하기 어려운 것이리라.[7] 만일 당신과 내가 적실하고 막강한 인물로 알려지게 된다면, 우리는 그 이미지에 수반되는 책임을 짐스럽게 느낄 것이다. 당신이 만일 빵을 만든다면 굶주린 자들을 다뤄야 할 터이고, 만일 왕이 된다면 통치에 수반되는 일로 골치를 앓을 것이다. 반면에 눈부신 과시를 뽐내는 인물로 유명해질 경우에는 그런 짐이 따라오지 않는다. 이것은 아마도 카리스마적인 인물, 사람들에게 경외심을 불러일으키는 인물이 되되 당신의 에고는 계속 부풀지만 그에 따른 의무는 없는 그런 사람이 되라는 시험일 것이다. 성전 난간에서 다치지 않고 뛰어내릴 수 있는 사람은 적어도 수많은 파티에 초대를 받을 터이고, 그럴듯한 놀이를 한다면 상당한 영향력과 부를 확보할 수 있을 것이다.

오직 유명해지기 위하여 어떤 행동을 과시하고픈 시험은 오늘과 같은 미디어 시대에 유혹성이 강하다. 누군가 자주 말했듯이 오늘날은 누구나 15분 동안 유명해지길 기대할 수 있는 시대이기 때문이다. 그런데 미디어는 대중사회의 고뇌, 아주 보잘것없는 무명인이라고 느끼는 사람들의 고뇌를 부각시킨다. 날마다 우리는 "보라구! 내가 여기 있어! 나는 힘이 있다고! 나는 중요한 인물이야!"라고 외치고 싶은 사람들의 고통을 목격한다. 그런 외침은 다양한 형태를 띠는데, 그중의 일부는 병적인 것이다. 흔적을 남기려고 학교 운동장에서 무고한 학생들에게 총질을 하는 고독한 인물, 주목을 끌려고 자살을 시도하는 사람, 유명해지려고 자기 파괴적인 생활방식을 영위하는 사람 등. 눈부신 과시의 시험이 추상적으로 생각하면 우습게 보일지 몰라도 어떤 경우에는 현대의 비극을 보여준다.

부족한 존재가 되고픈 유혹

많은 사람은 때때로 적실하고 막강해지라는 시험이나 눈부신 과시의 시험에 직면하고, 소수의 사람은 이런 시험과 정기적으로 씨름한다. 하지만 우리에게 더 흔한 시험은 설사 원할지언정 그런 인물이 될 기회가 거의 없다고 느끼는 것이다. 우리는 대부분 날마다 자신감이 별로 없는 상태로 깨어나기 때문에 권력과 영광을 얻을 기회를 받는다는 것이 터무니없어 보인다. 예수가 직면했던 시험들은 강한 에고와 관련된 것들이다. 하지만 우리를 괴롭히는 시험은 약한 에고와 관련이 있다. 말하자면, 우리 자신을 부적절하고, 무력하고, 아주 평범한 존재로, 사탄이 조금도 관심을 보일 필요가 없는 인물로 생각하고픈 유혹이다.

겉으로 보면 강한 에고의 시험과 약한 에고의 시험은 서로 정반대인 듯하다. 그러나 역설적이게도, 이 시험들의 기원과 결과는 동일하다. 양자 모두 똑같이 잘못된 전제에서 나오기 때문에 올바른 행동을 취할 수 있는 우리의 역량을 파괴한다. 그것은, 효과적인 행동은 우리에게 적실하고 막강하고 눈부신 존재가 되길 요구하기 때문에 우리가 그렇게 될 때에만 세상에 진정한 영향을 미칠 수 있다는 생각이다.

강한 에고를 가진 사람들, 악마가 파는 것을 소유할 수 있다고 생각하는 이들은 스스로 '유능한' 인물이 되려고 악마와 거래하고픈 유혹을 느낀다. 거래를 할 경우에는 결국 우리가 살펴본 대로 그들 자신과 세상에 손해를 끼치게 될 것이다. 반면에 약한 에고를 가진 사람들, 악마가 눈길도 주지 않고 지나칠 것으로 생각하는 이들은 효과적인 행동을 할 길이 없다고 믿고 싶은 유혹을 느낀다. 그들 역시 그들 자신과 세상에 손해를 끼치는 것으로 끝난다. 먼저 그들의 타고난 재능을 위축시키는, 부족하다는 느낌과 함께 그들 자신에게 손해를 끼친다. 그리고 행동을 전혀 하지 않은 채 세상의 운명을 공격적인 소수에게 맡김으로써 세상에 손해를 끼친다. 우리가 어느 시험에 굴복하든지 간에 우리 자신과 세상 모두 손해를 보게 된다. 두 종류의 시험 모두, 만일 우리가 영향력 있는 인생을 살려면 악마가 부추기는 것이 필요하다는 파괴적인 환상에 그 뿌리를 두고 있기 때문이다.

이 환상을 꿰뚫어 볼 수 있는 예수의 능력은 분명히 악마에 대한 저항의 핵심에 있다. 올바른 행동의 요건이 우리가 적실해지고 막강해지거나 눈부신 과시를 자랑하는 것이 아님을 그는 알고 있다. 그 요건은 오히려 우리가 우리 내면의 진실과 우리 주변의 진리에 신실하게 반응하는 것이다. 올바른 행동은 우리의 목표를 우리 자신이나 타인을 위한 특별한 결과에 두라고 요구하지 않고, 진리를 유일한 목적으로 삼고 우리가 아는 진리에 따라 행동할 것을 요구한다. 올바른 행동이란 결과에 신경을 쓰지 않고 옳기 때문에 취하는 행동과 다름없다. 만일 온전한 정신으로 올바른 행동을 취한다면, 그것은 가능한 어떤 것을 성취하게 되리라. 이것이야말로 우리가 취할 수 있는 최선의 행동이다.

올바른 행동의 궁극적인 역설은, 항상 그렇지는 않아도 자주, 그것이 적실하고 강력하고 눈부신 결과를 초래한다는 점이다. 이 역설이 가장 잘 드러나는 곳은 예수의 활동적인 삶에 관한 이야기이다. 예수가 땀과 피로 세 가지 시험에 저항한 끝에 악마가 물러가자마자 그는 지극히 적실하고 막강하고 눈부신 행동의 삶에 착수했다. 예수의 부활은 말할 것도 없고 그의 치유사역도 참으로 눈부신 행동이었다. 그는 분명히 권력을 행사했고 역사의 흐름을 바꾸었다. 아울러 적실한 존재이기도 했다. 사실 가장 유명한 이야기의 하나인 오병이어의 기적(이는 다음 장의 초점이 될 것이다)은 그가 광야에서 취하길 거부했던 바로 그 행동—마술로 빵을 만드는 일—을 취하고 있음을 보여준다. 어떻게 해서 이런 역전 현상이 일어난 것일까?

한 가지 실마리는 시험 이야기의 끝부분에 나오는 몇 행에서 찾을 수 있다.

악마는 모든 시험을 끝마치고 물러가서, 어느 때가 되기까지 예수에게서 떠나 있었다. 예수께서 성령의 능력을 입고 갈릴리로 돌아오셨다. 예수의 소문이 사방의 온 지역에 두루 퍼졌다. 그는 유대 사람의 여러 회당에서 가르치셨으며, 모든 사람에게서 영광을 받으셨다.

이 단락은 세 가지 다른 것들을 얘기하고 있는 듯이 보이지만, 실은 멋진 이야기체로, 동일한 점을 세 가지 다른 방식으로 들려주고 있다. 예수가 시험을 통과하긴 했으나 시험이 완전히 사라진 것은 아니라는 점이다. 시험은 예수의 활동적인 삶은 물론이고 우리의 삶에서도 거듭해서 생길 것이다. 마치 계시나 "거듭나는" 일이 영 단번에 일어나지 않는 것처럼 시험도 완전히 마침표를 찍을 수 있는 일회용 사건이 아니다. 이런 일들은 인생살이의 역학이기 때문에 반복해서 발생하는 것이다(적어도 우리가 살아 있는 한).

이 단락의 첫 번째 문장은 악마가 '정해진 때'가 되면 예수에게 돌아올 것임을 말하고 있기에 이 점을 명시적으로 밝힌다. 어떤 이들은 그것이 십자가의 죽음, 곧 예수가 하나님께 버림받았다고 믿고 또 자기의 운명에서 도망치고 싶은 유혹을 느꼈던 때를 예고한다고 본다. 그러나 나는 이 단락의 두 번째 행과 세 번째 행이 보여주듯이 '정해진 때'가 활동적인 삶의 과정에 계속하여 등장한다고 훨씬 폭넓게 생각하는 편이다.

두세 번째 문장은 예수가 "성령의 능력을 입고"(이는 물론 악마와 마주하도록 그를 광야로 데려갔던 바로 그 성령이다) 갈릴리로 돌아왔고, "예수의 소문이 사방의 온 지역에 두루 퍼졌다"고 말한다. 여기서 소문(평판)이란 단어는 예수의 시험이 끝나지 않았다는 사실을 보여준다. 성령의 능력으로 행하는 사람은 누구나 매력적인 인물이란 평판을 얻게 될 것이다. 이런 일이 발생하면 시험은 더 커지기 마련이다. 본인의 신문 스크랩을 믿고, 본인의 평판을 자기 영혼의 참거울로 믿고, 다른 사람들의 소원을 들어주어 본인의 평판이 더 커지기를 바라고, 갈수록 더 평판을 위해 행동하고 싶은 유혹과 더불어 올바른 행동에 비추어 행동하고 싶지 않은 유혹을 느끼는 것이다.

예수는 활동적인 삶을 사는 동안 계속해서 이 시험과 씨름해야 했던 것 같다. 예컨대 한 번은 예수가 제자들을 모아놓고 "사람들이 나를 누구라고 하느냐?"라고 물은 적이 있다(누가복음 9:18-26). 그가 그런 질문을 한 이유는 분명치 않아도 자신의 공공연한 평판의 이슈를 붙들고 씨름할 필요를 느꼈던 것은 확실하다. 사람들은 엘리야 혹은 세례 요한 혹은 옛 예언자 중의 하나라고 말한다고 제자들이 대답하자, 예수는 "그러면 너희는 나를 누구라고 하느냐?" 하고 물음으로써 이런 공적 이미지들을 관통하려고 했다. 그는 측근들에게 자기가 누군지를 말해보라고 요구함으로써 그의 공공연한 평판을 비켜가려고 애쓰는 중이다. 베드로가 "하나님의 그리스도이십니다"라고 대답하자 예수가 "엄중히 경고하셔서, 이것을 아무에게도 말하지 말라고 명했다"고 한다. 이런 대화는 예수가 점점 퍼져가는 그의 평판으로 인해 이런저런 시험과 계속 씨름하지 않으면 안 되었다는 사실을 보여준다.

이 이야기의 마지막 문장은 약간 다른 표현으로 이 모든 것을 다시 말해준다. "…모든 사람에게서 영광을 받으셨다." 어떤 사람이 일단 적실해지고 막강해지고 눈부신 과시를 뽐내라는 시험을 극복하고 나면—혹은 이런 자질이 없어서 행동할 수 없다고 믿으라는 시험을 이기고 나면—별안간 아주 매력적인 인물로 보여서 칭송을 받을 수도 있다. 그런 사람은 공중에게 자기가 그토록 되지 않으려고 저항했던 그런 존재로 비칠 수 있고, 인생이 아주 헷갈리게 보일 수 있다. 칭송이 타당한 목표가 아니라서 칭송을 얻으려는 노력을 포기했는데, 어느 날 갑자기 그것을 포기했다고 칭송받는 자리에 서 있는 자신을 발견한다! 그런 사람들에게는 시험의 역학이 결코 끝나지 않을 것처럼 보인다.

나는 이 역학에 갇힌 사람들을 알고 있다. 사실 오늘과 같은 매스

미디어 시대에는 그런 인물들이 심심찮게 눈에 띈다. 한 친구는 홀로 있는 것이 얼마나 필요한지를 아주 설득력 있게 설파하여 많은 사람의 마음에 감동을 준 나머지 그의 추종자들이 끊임없이 그에게 몰려오는 바람에 정작 그 자신은 그런 시간을 가질 수 없다. 여기에 두 가지 문제가 있다. 하나는 대중이 자기네 속에는 없는 자질을 이 사람에게 투사하여 그 영웅에게 자기네 대신에 인생을 살아달라고 불가능한 주문을 한다는 점이다. 다른 문제는 그들의 영웅이 우리 대부분과 마찬가지로 그 영웅의 역할을 매력적으로 생각하고, 그들의 투사가 계속 이어지기를 바라며, 심지어는 칭송과 명성을 위해 자기가 그토록 귀하게 여기는 고독한 삶을 기꺼이 포기할 수도 있다는 것이다. 나도 기회가 주어지면 그럴 소지가 다분하다.

첫 번째 문제와 관련해서는 내 친구가 할 수 있는 일이 별로 없다. 하지만 두 번째 문제는 좀 더 유연성이 있고, 일부 사람에게는 이것을 해결하는 일이 생사의 문제에 가깝다. 우리는, 예수가 시험을 받을 때 줄곧 보여주었듯이, 자신의 진실에 대해 가차없이 정직해짐으로써 사람들이 취하는 파괴적인 투사행위에 저항할 수 있다. 즉, 자신의 진실에 계속 뿌리를 박음으로써 타인의 환상을 물리칠 수 있다는 말이다.

이런 정직함을 보여주는 훌륭한 본보기로 독일 시인 라이너 마리아 릴케를 들 수 있다. 한 젊은 시인이 그 대가에게 가르침을 요청하여 이 노인은 격려와 비판과 지혜가 담긴 편지를 줄줄이 써보냈다. 그런데 편지교환이 끝날 즈음에 릴케는 그 젊은이가 그를 치켜세우면서 자기가 나름의 지혜를 얻기 위해 애쓸 몫을 릴케가 어렵게 얻는 지혜로 대치하려는 것을 느끼게 되었다. 그래서 릴케는 끝 무렵에 쓴 한 편지에 이런 글귀를 적었다.

그리고 내가 자네에게 할 말이 하나 더 있다면 바로 이것일세. 자네를 위로하려고 애쓰는 사람이 현재 자네에게 때로 기쁨을 주는, 단순하고 차분한 글 가운데 아주 평안한 삶을 살고 있다고 생각하지 마시오. 그의 삶은 많은 어려움과 슬픔을 안고 있으며 자네의 삶보다 훨씬 뒤편에 있소. 만일 그렇지 않다면 그는 결코 그런 글을 찾을 수 없었을 것이오.[8]

릴케는 그 자신의 진실로 환상을 물리치려고 애쓰는 중이다. 그런데 우리가 그 매력적인 단락을 읽을 때에도 시험이 계속 되돌아오는 것을 감지할 수 있다. 자신의 한계에 대한 릴케의 정직함이 그를 더욱 매력적으로 만들고, 충분히 치켜세울 만한 인물로 삼게 한다. 이 글이 그 젊은 시인으로 하여금 내면의 작업을 하게 했을지 여부는 나도 모른다. 하지만 릴케가 자신의 글을 충분히 이해했다면, 그 글은 예수가 받았던 시험들을 릴케가 경계하도록 그의 정신을 지켜주었을 것이 틀림없다.

우리가 악마의 세 가지 시험을 열망하든지 아예 상관없는 일로 여기든지 간에, 이 셋은 가장 흔한 행동의 기준들인 동시에 올바른 행동에 이르지 못하게 하는 잘못된 지침들이다. 올바른 행동은 적실성과 권력과 눈부신 과시가 제공할 수 있는 것보다 더 깊고 더 진실한 에너지와 가르침의 근원을 찾으라고 우리에게 요구한다. 이제 우리가 예수의 돌봄을 담은 또 다른 이야기를 탐구할 때 더 깊은 근원의 모습이 드러날 것이다.

"빵과 물고기": 결핍인가, 풍요인가

7장

5천 명을 먹이다

좋은 선생은 모든 해답을 주지 않고 학생들에게 수많은 의문을 남긴다고 한다. 이게 사실이라면 예수가 빵 다섯 덩이와 물고기 두 마리로 5천 명을 먹이는 이야기는 정말로 아주 좋은 선생이다. 역사적 사건으로 알려진 이야기들 가운데 이 이야기만큼 우리에게 많은 의문을 남기는 것은 없는 듯하다. 물론 예수의 활동적인 삶에 관한 다른 많은 이야기들은 제외하고. 그런 이야기들에 관해 생각할 때에는 아메리카 원주민 주술사였던 블랙 엘크의 말을 음미할 만하다. "그것이 실제로 일어났는지 여부는 나도 모른다. 그러나 당신이 그에 관해 생각해 보면 그것이 사실임을 알 수 있다."[1]

"빵과 물고기의 기적"

사도들이 예수께로 몰려와서, 자기들이 한 일과 가르친 일을 다 그에게 보고하였다. 그때에 예수께서 그들에게 말씀하셨다. "너희는 따로 외딴 곳으로 와서, 좀 쉬어라." 거기에는 오고가는 사람이 하도 많아서 음식을 먹을 겨를조차 없었기 때문이다. 그래서 그들은 배를 타고, 따로 외딴 곳으로 떠나갔다.

그런데 많은 사람이 이것을 보고, 그들인 줄 알고, 여러 마을에서 발걸음을 재촉하여 그곳으로 함께 달려가서, 그들보다 먼저 그곳에 이르렀다. 예수께서 배에서 내려서 큰 무리를 보시고, 그들이 마치 목자 없는 양과 같으므로, 그들을 불쌍히 여기셨다.

그래서 그들에게 여러 가지로 가르치기 시작하셨다. 날이 이미 저물었으므로, 제자들이 예수께 다가와서 말하였다. "여기는 빈 들이고 날도 이미 저물었습니다. 이 사람들을 헤쳐, 제각기 먹을 것을 사 먹게 근방에 있는 농가나 마을로 보내시는 것이 좋겠습니다." 예수께서 그들에게 말씀하셨다. "너희가 그들에게 먹을 것을 주어라." 제자들이 그에게 말하였다. "그러면 우리가 가서 빵 이백 데나리온어치를 사다가 그들에게 먹이라는 말씀입니까?"

예수께서 그들에게 말씀하셨다. "너희에게 빵이 얼마나 있느냐? 가서, 알아보아라." 그들이 알아보고 말하였다. "빵 다섯 개와 물고기 두 마리가 있습니다." 예수께서는 제자들에게 명하여, 모두들 떼를 지어 푸른 풀밭에 앉게 하셨다. 그들은 백 명씩 또는 쉰 명씩 떼를 지어 앉았다. 예수께서 빵 다섯 개와 물고기 두 마리를 들어서, 하늘을 쳐다보고 축복하신 다음에, 빵을 떼어서 제자들에게 주시고 사람들에게 나누어 주게 하셨다. 그리고 그 물고기 두 마리도 모든 사람에게 나누어 주셨다. 그들은 모두 배불리 먹었다. 빵 부스러기와 물고기 남은 것을 주워 모으니, 열두 광주리에 가득 찼다. 빵을 먹은 사람은 남자 어른만도 오천 명이었다. (마가복음 6:30-44, 새번역)

이 이야기는 관조와 행동의 역설적인 상호작용으로 장식되어 있다. 첫 대목은 제자들이 돌아와서 예수에게 얼마나 바빴는지를 얘기하는 장면이다. 그들이 일에 지친 것을 본 예수는 "외딴 곳"으로 가서 "좀 쉬어라" 하고 권한다. 그래서 그들은 활동적인 삶의 와중에 조용한 막간을 찾아서 떠난다. 그런데 그들의 움직임이 사람들의 주목을 끌어서 그들의 배가 도착할 즈음에는 그 외딴 장소가 예수와 그의 제자들을 보려고 먼저 달려간 인파로 북새통을 이뤘다. 예수와 그의 제자들이 관조를 추구할 때, 사람들은 아이러니하게도 더 많은 행동을 주문하고 있는 셈이다.

이 이야기는 관조와 행동을 마치 일과 휴가를 나누는 식으로 분리할 수 없다고 일러준다. 행동은 언제나 관조가 필요한 상황을 설정할 것이다. 하지만 참된 관조는 그저 물러나는 것이 아니다. 관조는 우리로 하여금 우리가 줘야 할 선물과, 선물을 주어야 할 필요성과, 우리가 필요한 사람들 및 문제들과 더 깊이 접촉하게 함으로써 우리를 올바른 행동으로 인도한다. 이 이야기가 보여주듯이, 예수와 그의 제자들은 삶의 현실로부터, 그 현실이 주변 사람들에 미치는 결과로부터 휴가를 얻을 수 없다. 그들이 관조 속으로 더 깊이 들어갈수록, 그들의 진정한 사역이 더 명백하게 나타나고, 타인들이 그것을 더 많이 요청하고, 제자들은 그 사역의 필요성을 더 많이 느끼게 된다.

그런데 예수와 그의 제자들이 추구했던 한가한 관조는 몰려드는 군중들뿐 아니라 애초에 쉬라고 권했던 바로 그 예수에 의해 방해를 받았다. 그는 "그들이 마치 목자 없는 양과 같으므로 그들을 불쌍히 여기셨다." 그래서 날이 저물 때까지 그들을 가르치지 않을 수 없었던 것이다. 예수는 자기와 제자들에게 휴식이 필요하다고 말하면서 군중을 흩어버릴 수도 있었고, 그는 더 외딴 곳으로 몸을 피할 수도 있었을 것이다. 그러나 그렇게 하지 않고 군중의 필요를 목격하고 그에 반응해야만 했다. 이것은 제자들을 더 지치게 만들었을 것이 틀림없다.

그러면 군중에 반응하는 예수는 장자의 풍자 "활동적인 삶"에 나오는 사람들, 곧 필요한 인물이 되길 몹시 바라기에 그 행동이 외적인 자극에 대한 자동적인 반응에 불과한 사람들처럼 행동하는 것일까? 이 사람들은 "대상의 세계에 갇힌 죄수들"이고 그들의 행동은 맞물려 돌아가는 톱니바퀴에 의해 좌우된다. 과연 예수는 그와 같은 선생, 즉 만일 가르칠 사람이 없으면 한탄하며 지낼 선생, 약간의 구실만 있어도 행동에 뛰어드는 그런 행동가인가?

나는 그렇게 생각하지 않는다. 이 이야기로 봐서도 그렇고 그의 가르침에 관한 다른 이야기들에 비추어 봐도 그렇다. 예수가 가르치길 거부한 적도 있었고, 누군가 가르쳐 달라고 졸랐을 때 너무도 불분명한 가르침을 주어 거절한 것이나 다름없는 경우도 있었다. 사실 예수가 몰려드는 군중을 피하는 장면이 많기 때문에 그를 마치 종소리가 나면 즉시 움직이는 소방차용 말처럼 행동한다고 비난할 수는 없다. 그가 광야에서 악마를 만나 증명한 것이 있다면 자기에게 그릇된 행동을 하지 않을 수 있는 완벽한 능력이 있다는 점이었다.

이 이야기에서 예수의 가르침은 무리에 대한 동정심과 함께 시작하는데, 동정심은 행동의 성격을 반사적이 아니라 반응적으로 만드는 자질이다. 다른 사람들과 함께 느끼는 동정이야말로 장자의 풍자에 나오는 기계적인 사람들이 행할 수 없는 일이다. 거기에 나오는 행위자들은 모두 자기에게 남들과 구별시켜 주는 특별한 속성이 있다고 믿는다. 다른 누구도 갖고 있지 않은 지혜라든가 힘이라든가 기술 같은 것. 그들은 스스로 우월하다고 생각하기 때문에 오직 자기이익과 자아상을 증진하기 위해서밖에 행동할 수 없다. 그들은 부버의 천사처럼 깨어진 마음도 없었고, 타인들을 위해 또 그들과 더불어 행동할 수 있게 해주는 겸손도 없었다.

예수가 이 이야기에서 취하는 동정적인 행동은 행위자와 타인들 간의 깊은 동일성과 함께 시작된다. 예수가 그 군중이 "마치 목자 없는 양과 같다"는 것을 목격할 수 있었던 것은 그들의 외로움과 버림받은 느낌과 두려움을 잘 알고 있었기 때문이다. 그가 가르친 내용은 우리가 모르지만, 다른 많은 이야기들로 미루어 보건대 광야의 경험을 비롯한 그의 인생 경험에서 나온 것이리라. 그는 자기의 능력을 증명하려고 가르치지도 않고 군중이 듣고 싶은 것을 가르치지도 않는다. 그는 사람들의 진정한 굶주림을 채워주기 위해 가르친다. 말하자면, 지혜의 식사야말로 곧 있을 빵과 물고기 식사의 진정한 맥락이 된다는 뜻이다.

문자적인 굶주림과 양식, 은유적인 굶주림과 양식 모두 이 이야기에 나오는 지배적인 이미지들이다. 나는 이 이미지들을 결핍과 풍요라는 일반적인 용어로 옮기고 싶다. 선생을 찾는 군중들은 진리가 부족하기 때문에 그렇게 하는 것이다. 그래서 예수는 진리의 풍성함을 보여주려고 가르치는 것이다. 군중을 먹이라는 요청을 받은 제자들은 양식이 부족하다고 확신한다. 그래서 예수는 당장 눈에는 안 보이지만 양식이 얼마나 풍성한지를 보여주려고 '기적'을 행하는 것이다. 이 이야기는 물론이고 그의 활동적인 삶을 통틀어서 예수는 사람들이 결핍의 환상을 꿰뚫고 풍요의 실상에 근거하여 행하도록 돕고 싶어 했다.

부족하다는 생각

우리의 활동적인 삶의 질은 부족한 세계와 풍요로운 세계 중 어느 것을 전제로 삼느냐에 크게 달려 있다. 우리는 사람들의 필수품—양식과 거처로부터 유능하다는 의식과 사랑받는다는 느낌에 이르기까지—이 자연 속에 풍부한 그런 우주에 몸담고 있는가? 아니면 그런 필수품이 부족해서 힘 있는 자들만 다른 모든 사람을 누르고 그것을 비축할 수 있는 그런 우주인가? 우리 행동의 성격은 이런 근본적인 질문에 어떻게 대답하느냐에 따라 달라질 것이다. 결핍의 세계에서는 경쟁의 기술, 심지어는 전쟁의 기술을 알고 있는 자들만이 생존할 수 있으리라. 반면에 풍요의 세계에서는 관대한 행위와 공동체적 행동이 가능해질뿐더러 많은 열매도 맺게 된다.

우리 세계를 지배하는 행동의 종류로 보건대, 우리와 우리 기관의 대부분은 결핍의 전제를 선택했다. 그렇지 않다면, A학점 B학점은 다이아몬드처럼 취급하는 반면 C학점과 D학점을 돌멩이처럼 여기는 교육적 고안, 상대 평가를 하는 관행을 어떻게 설명할 수 있겠는가? 그렇지 않다면, 협동(풍요를 공유하는 방식)이 아니라 경쟁(결핍을 배분하는 방식)이 우리의 일을 수행하는 유일한 방식, 무언가를 성취하는 길이라고 간주하는 현실을 어떻게 설명할 수 있겠는가? 그렇지 않다면, 우리나라가 마치 다른 민족이 공정한 몫을 가지면 국가적 자살을 의미하는 것처럼 세계의 자원을 지나치게 소비하는 습관에 매달리고 있는 현실을 어떻게 설명할 수 있겠는가? 우리 삶의 모든 차원에서 풍요가 아닌 결핍의 전제는 우리의 태도와 행동을 망가뜨리려고 위협하고 있다.

비극적인 사실은 우리가 결핍의 전제를 바탕으로 행동할 때마다 결핍이 잔인한 현실이 되는 세계의 창조에 일익을 담당한다는 것이다. 세계 인구의 6퍼센트에 불과한 우리 미국인들이 세계 자원의 3분의 1 이상을 소비할 때, 우리는 다른 민족들에게 실제로 결핍을 준다. 고용인들이 공동의 창조성을 위해 직원들을 보상하기보다는 승진을 위해 서로 싸우도록 부추길 때, 일터는 생존을 위해 무슨 짓이든 마다하지 않는 아수라장으로 변한다. 선생들이 상대 평가를 할 때, 교육은 너무도 많은 학생들을 점차 낙담시키는 과정이 되고 결국 소수의 엘리트만이 스스로 유능하다고 믿게 한다.

결핍의 전제는 권력을 소수의 손아귀에 쥐어주고 현상유지를 도모하는 등 우리의 제도적인 삶에 널리 퍼져 있다. 계급 제도는 언제나 권력이 부족한 상품이라는(혹은 그래야 한다는) 믿음, 소수만이 권력을 잡을 자격이 있다는 믿음, 혹은 '민주주의'로 알려진 권력의 풍성함이 생겨서는 안 된다는 믿음에 뿌리를 박고 있다. 상대 평가를 하는 선생으로부터 절대명령으로 지배하는 행정가에 이르기까지 소수의 다수에 대한 통제는 결핍의 전제에 의해 합리화된다.

이 전제가 우리의 제도 정치뿐만 아니라 개인적인 삶에서도 눈에 띈다는 사실은 심각한 문제가 아닐 수 없다. 치료사들이 직장을 잃지 않는 부분적인 이유는 사랑과 인정과 존중과 같은 개인적인 자질이 아주 부족하다고 보는 보편적인 두려움 때문이다. 만일 우리가 각 사람에게 공급되는 사랑이 무한정 존재하며, 골고루 돌아가고도 남을 만큼 있다는 것을 안다면, 우리는 애정을 얻으려고 주변 사람들과 경쟁하지 않을 터이고, 우리의 몫을 얻지 못한다고 느낄 때 낙담하지도 않을 것이다. 모든 치유자의 일차적인 과제는 사람들에게 사랑은 상대적으로 분배되는 게 아니고 사물의 본성 속에 풍성하게 존재한다는 것을 주지시키는 일이다.

오병이어의 이야기에서 예수는 풍요로운 실상을 보여줌으로써 사람들에게 배어 있는 결핍의 습관을 극적으로 깨려고 한다. 이 드라마는 제자들이 예수에게 와서 날도 저물었으니 사람들을 가까운 마을로 흩어서 제각기 음식을 사 먹도록 하는 게 좋겠다고 말하는 장면과 함께 시작된다. 여기에서 두 가지 일이 일어나고 있는데, 이 둘은 결핍의 전제를 반영하고 또 강화하는 것이다.

　첫째는 사람들에게 제각기 저녁 식사를 사 먹으라고 말해야 한다는 제자들의 고집이다. 제자들은 양식이 부족하다고 분명히 믿었고, 우리는 무언가 부족할 때 그것은 경쟁에 의해 분배되어야 한다고 생각하는 데 길들여져 있다. 그 일을 하는 가장 효율적인 방법은 돈이라고 불리는 비인격적인 매개물을 이용하는 것이다.

　현금 교환 메커니즘으로 인해 우리는 세계 전역에서 양식과 거처의 배분이 심히 불공평하다는 사실을 아주 쉽게 무시한다. 만일 정부들이 매달 사람들에게 줄을 서게 하여 소수에게는 양식을 한 트럭씩 주고 대부분에게는 겨우 생존할 만큼만 준다면, 그 불공평이 눈에 두드러지게 나타나 사람들을 미치게 해 혁명을 불러올지도 모른다. 그 대신 우리는 소수가 트럭만큼의 돈을 받는 반면 대다수는 훨씬 적은 돈을 받도록 정한다. 우리가 일정한 돈을 양식과 교환할 때에는 그 거래가 베일에 가려 있어서 굶주리고 무력한 사람들만 그런 현실을 볼 수 있을 따름이다. 돈이라는 비인격적인 매개물이 우리를 불의의 현실에서 떼어놓았기 때문에 우리는 변화의 필요성도 잘 느끼지 못한다. 결핍이 지배한다고 확신한 예수의 제자들은 사람들이 제각기 자기 음식을 사 먹기를 원했기 때문에 현금 경제는 양식이 너무 적어서 골고루 돌아갈 수 없는 '사실'을 가릴 수 있게 된 것이다.

이 드라마에서 벌어지는 두 번째 사실은 첫 번째 것과 밀접하게 연관되어 있다. 제자들은 사람들이 제각기 저녁을 사 먹기를 원했을 뿐 아니라 그들을 흩어버리기를 원하기도 했다. "이 사람들을 헤쳐, 제각기 먹을 것을 사 먹게 근방에 있는 농가나 마을로 보내시는 것이 좋겠습니다." 말하자면, 제자들은 결핍의 현장에서 풍요로움을 창출하도록 무언가를 공유할 가능성이 있는 공동체에 사람들을 합류시키기보다 제각기 개별적으로 부족한 양식을 위해 경쟁하기를 바랐던 것이다.

결핍의 전제와 공동체의 쇠퇴 사이에는 큰 상관관계가 있다. 이 둘은 양방향으로 영향을 미친다. 결핍의 전제가 우리의 생각을 지배하도록 허용한다면, 우리는 개인주의적으로, 경쟁적으로 행동할 터이고, 이는 공동체를 파괴할 것이다. 창조행위와 타인과의 공유가 풍성함을 창출하는 공동체가 파괴되면, 결핍의 전제는 더욱 타당성을 지닐 것이다.

우리가 공동체 안에 있을 때에는 시장에서 사야 한다고 생각하는 많은 것들이 별안간 값없이 주어진다. 예컨대 오늘날 많은 사람이 치료사들에게 돈을 주고 구입하는 개인적인 관심과 배려를 서로 도움을 주고받기 위해 조직된 어떤 공동체의 회원으로부터 얻을 수 있다. 이 파편화된 사회에서 각 가정이 소유해야 할 값비싼 장비를 한 공동체의 많은 회원들이 공유할 수 있다. 우리가 보통 돈으로 사는 단순한 관리 및 수리 업무를 다양한 기술을 가진 공동체 내에서는 무료로 혹은 값싸게 이용할 수 있다. 우리가 행사나 전자장치를 통해 구매하는 오락물은 일상적으로 재미와 드라마와 코미디를 연출하는 공동체에서 공짜로 얻을 수 있다. 공동체와 풍요로움은 서로 손잡고 가는 관계다. 이 두 단어는 유사어에 가깝다.

제자들이 예수에게 5천 명이나 되는 사람들을 제각기 양식을 사 먹게 흩으라고 종용할 때 예수가 그들에게 반응한 것을 보면 참으로 흥미롭다. 그는 단순하지만 날카로운 말투로 "너희가 그들에게 먹을 것을 주어라" 하고 말한다. "너희"라는 말로 예수는 형세를 역전시키고 있다. 제자들이 저녁 식사의 문제를 군중에게 떠넘기게 하지 않고 그 문제를 다시 제자들의 손에 넘겨주고 있는 것이다. "주어라"라는 말로 예수는 다시 한 번 형세를 역전시킨다. 제자들이 저녁 식사의 문제를 비인격적으로, 현금 교환을 통해 다루도록 허락하지 않고, 그것이 관대한 행위를 통해 해결할 문제라는 것을 분명히 밝힌다. 그의 말 속에는 우리가 사는 행위에서 주는 행위로, 사람들을 경쟁하게 하는 행위에서 우리 자신을 내놓는 행위로 전향하면, 공동체와 풍성함 모두를 창출할 수 있다는 생각이 담겨 있다.

그러나 제자들은 우리처럼 느리게 배우는 자들이다. 예수가 "너희가 그들에게 먹을 것을 주어라" 하고 말하자마자 제자들은 "그러면 우리가 가서 빵 이백 데나리온어치를 사다가 그들에게 먹이라는 말씀입니까?" 하고 묻는다. 그들이 군중을 먹일 책임을 받아들였는지 모르지만 그 책임을 수행할 수 있는 최선의 방법은 현금 교환이라고 고집하고 있다. 그래서 예수는 제자들(과 우리들)이 깨달음에 이르도록 한 걸음 더 나아간다. 그것은 바로 질문인 동시에 명령의 성격을 지닌 말, 곧 "너희에게 빵이 얼마나 있느냐? 가서, 알아보아라" 하는 말이다.

　여기에 결핍을 전제하는 데서 풍요의 가능성을 보는 쪽으로 바뀌는 중요한 전환점이 있다. 그것은 우리가 이미 갖고 있는 것, 당장 우리가 쓸 수 있는 선물과 자원을 바라보는 행위이다. 이는 무척 단순해 보이지만 보기 드문 행위다. 우리의 행동주의는 때때로 오만한 믿음, 곧 우리가 만들거나 사거나 팔거나 승인을 받지 못하면 아무것도 존재하지 않는다는 믿음을 낳는다. 사실은 애초에 아무것도 존재하지 않았다면, 우리는 어떤 것을 사거나 파는 것은 고사하고 그 어떤 것도 만들 수 없다. 우리의 제조행위는 언제나 우리의 아이디어와 에너지를 자연의 풍성한 선물과 섞는 일이다. 그런즉 풍요를 전제하고 그것을 증폭하기 원하는 행동의 첫 단계는 생명의 풍성함 속에 이미 주어진 자원들을 인지하고 받는 일이다.

참된 기적

"너희에게 빵이 얼마나 있느냐? 가서, 알아보아라." 제자들은 예수의 지시를 따르지만 그들이 가져온 물품 명세는 안심시키기에는 턱없이 부족하다. 빵 다섯 개와 물고기 두 마리는 배고픈 사람들 5천 명을 먹여야 할 상황에서 전형적인 결핍의 본보기처럼 보인다. 그래도 예수는 망설이지 않는다. 그는 군중을 소그룹으로 나누어 풀밭에 앉힌다. 그러고는 빵과 물고기를 들어 축복한 뒤 그것을 떼어 제자들에게 건네면서 "사람들에게 나누어 주게" 한다. 모든 사람이 배불리 먹고도 열두 광주리나 남는다.

여기에서 과연 무슨 일이 일어나고 있는가? 그 일은 우리가 사는 현실 세계에서의 행동과 풍요에 관해 무엇을 말하는 것일까? 이 이야기는 절정에 도달하면서 점점 더 비현실적인 듯이 보인다. 마치 자연법을 중단시킨 채 전무후무한 기적을 행할 수 있는 어느 마술사의 이야기인 것 같다. 초자연적인 예수에 초점을 두는 해석은 우리도 그처럼 기적을 행하는 인물이 되길 간절히 바라게 하지만 평범한 행동가들에게는 쓸모없는 이야기로 만들어 버린다. 사실 이 해석은 타인에 대한 우리의 인간적인 책임을 회피하게 만들기 쉽다. 나무조각가의 주변에 있는 사람들이 그 종받침대에 대해 "그것은 신령의 작품이 틀림없다"라고 말했듯이, 이러한 해석은 우리에게 5천 명을 먹인 사건에 대해서도 똑같은 말을 하게 할 것이다.

이와 다른 해석은 빵을 증식시키는 예수가 악마의 도전을 받았을 때 마술로 빵을 만들길 거부했던 바로 그 예수라는 사실을 상기시키면서 시작한다. 만일 5천 명을 먹이는 일이 하나의 마술 행위에 불과하다면, 우리는 악마가 저 멀리서 "내가 이겼다!"며 낄낄 웃는 소리를 들 수 있을 것이다. 예수가 광야에서 악마의 조롱에 대항하여 그토록 힘겹게 자기의 인격을 지켰는데, 이 호숫가에서 재주를 부려서 자기의 인격을 희생한다는 것은 결코 있을 법하지 않다.

예수는 마술 대신에 풍요의 전제 위에서 행동하는 길을 택한다. 첫째, 그는 군중을 100명씩 혹은 50명씩 "떼를 지어" 모두들 "푸른 풀밭에 앉게" 했다. 그의 기적은 5천 명이나 되는 익명의 군중을 더 작은, 얼굴을 마주하는 공동체들로 나누는 단순한 행동과 함께 시작된다. 이것은 좋은 공동체를 조직하는 사람이 흔히 쓰는 방법이다. 이처럼 사람들을 좀 더 친밀한 그룹으로 나누는 일은 일상적인 기적이 일어날 수 있는 배경이 된다.

예수가 군중의 익명성을 인간적인 집단들의 에너지와 인격성으로 대치할 때 사람들 사이에 일어나는 일을 우리는 상상할 수 있다. 친구들과 이웃들은 서로를 알아본다. 사람들은 그 사건을 깨닫고 기쁨과 흥분에 휩싸여 인사하며 포옹한다. 예수라고 불리는 이 놀라운 인물과 그의 삶을 둘러싼 낯선 사건들에 대해 활기찬 이야기를 주고

받는다. 여러 차원에서, 그리고 여러 방식으로 따로 고립되어 있던 개인들이 상호작용을 주고받는 유기적인 공동체로 변모하는 것이다.

나는 앞에서 공동체야말로 풍요가 결핍을 대치할 수 있는 맥락이라고 말했다. 이보다 더 중요한 점은 공동체의 경험 자체가 풍요의 경험이란 사실이다. 얼굴이 없는 군중 속에서는 결핍을 경험하기 마련이다. 접촉의 결핍, 관심의 결핍, 인정의 결핍, 사랑의 결핍을 경험한다. 그러나 군중이 공동체로 대치되면, 그 공동체가 눈에 보이는 물품이나 서비스를 생산하기 한참 전에 눈에 보이지 않는 풍요로운 느낌이 생긴다. 참된 풍요는 사람들이 서로의 얼굴을 접하고 서로를 위해 존재하는 단순한 경험 속에 있다. 오로지 사람과 사람 간의 풍요로움이 있는 상황에서만 풍부한 양식의 물질적 풍요가 생기기 시작할 가능성이 있는 것이다.

나는 이 이야기에 나오는 '기적'을 자연스럽게 설명해야 한다고 요구하진 않는다. 그 이야기를 있는 그대로 두고 그 차원에서 배우는 것으로 만족할 뿐이다. 하지만 이 이야기는 역사적 사건에 뿌리를 두고 있는 것으로 주장되고 있는 만큼 과연 어떤 일이 일어났을지를 추측해 보는 것도 흥미롭다.

이 텍스트에 따르면 예수가 제자들에게 "너희에게 빵이 얼마나 있느냐?" 하고 물었다. 여기에서 "너희"가 제자들을 지칭하는지, 혹은 군중 전체를 지칭하는지는 분명치 않다. 하지만 전자가 아닐까 생각한다. 조금 전에 예수가 제자들에게 "너희가 그들에게 먹을 것을 주어라" 하고 말하지 않았던가. 그는 제자들이 군중에게 줄 선물, 즉 비축된 식량이나 상업적 거래에 의존하지 않는 그런 선물이 그들에게 있다는 것을 깨닫게 하려고 애쓰는 듯하다.

이어서 이 텍스트는 예수가 빵 다섯 개와 물고기 두 마리를 들어서, 하늘을 쳐다보고 축복하신 다음에, 빵을 떼어서 제자들에게 주고 사람들에게 나누어 주게 했다고 한다. 텍스트는 빵과 물고기가 예수의 손을 떠나는 순간에 마술처럼 증식되었다고 말하지 않는다. 그 대신 예수와 제자들이 자기네 손에 있는 적은 양식에 대해 감사하고 그것을 먹고 싶은 사람에게 제공하는 행위를 솔선수범했을 것으로 보인다.

이런 일이 일어났을 때 소그룹으로 모여 있던 사람들도 서로 나눌 수 있는 양식이 자기 손에 있음을 알게 되었을 것이다. 아마 그들은 감동을 받아서 그들의 부족한 자원을 축적하기보다는 예수와 제자들의 관대함을 본받게 되었을 것이다. 사실 그들로서는 가족과 친구들과 이웃들에 둘러싸인 채 풀밭에 앉아서 자그마한 제자 집단이 얼마 안 되는 양식을 나눠주는 모습을 보고는 자기네도 따라하지 않을 수 없었을 것이다. 관대한 본보기를 보고 불이 붙은 공동체를 통하여 별안간 결핍이 풍요로 변모했다. 그것은 마술로 일어난 일이 아니라 도움을 받아 서로를 기억하게 되는 사람들의 살아 있는 만남을 통해 발생한 일이고, 이들은 풍요를 전제하고 풍요를 창출하는 행동으로 장자가 말하는 이른바 "올바른 정신"을 되찾게 된 것이다.

이 이야기는 모든 사람이 다 배부른 상태로 떠나갔다고 주장하지 않는다. 그들이 모두 먹고 만족했다고 말한다. 여기에 참된 기적이 있는 것 같다. 5천 명은 말할 것도 없고 둘 이상의 그룹에 속한 각 사람이 결국 만족하게 되었다는 것. 결핍의 문화는 불만족을 바탕으로 번창하고 불만족을 낳기도 한다. 우리가 충분히 소유하고 있음을 믿기를 거부하는 태도가 경쟁을 낳고 경쟁은 국내에서와 전 세계적으로 자원의 불공정한 분배를 초래한다. 반면에 풍요의 문화는 만족감에서 나오고 또 만족감을 창조한다. 이런 문화에서는 이 정도면 충분하다고 생각하고, 사람들이 공동체 내에서 부족한 것을 서로 나누려는 태도가 만족감을 낳아, 더 많은 나눔과 더 많은 풍요를 초래하게 된다.

예수 주변에 있던 사람들은 분명히 여러 차원에서 만족감을 맛보았을 것이다. 그들은 자기네를 향한 예수의 동정심을 경험했다. 그는 그들로부터 도망하거나 그들을 흩어버리지 않고 궁핍한 상태에 처한 그들을 있는 그대로 만나주었기 때문이다. 그들은 예수의 가르침을 들었는데, 그것은 그의 마음 깊숙한 곳에서 나와서 그들의 마음 깊숙한 곳에 다가온 가르침이었다. 그들은 구도자들로 구성된 군중 속에 있는 설렘과 상호배려가 가능한 소규모 공동체들로 나눠지는 즐거움을 맛보았다. 그들은 명백한 결핍에서 비롯된 풍요로운 식사를 서로 공유했다. 이 사람들은 자기네가 놀라운 사건에 참여하고 있다는 것을 감지했음이 틀림없다. 새로운 현실, 곧 전통적 지혜로부터는 동떨어져 있지만 인간의 마음만큼 가까운 현실이 그 모습을 나타내고 있는 사건에 참여하고 있었다. 그러니 모두가 만족했다는 것이 당연하다.

5천 명이 다양한 방식으로 양식을 먹는 모습을 볼 때, 우리는 예수가 첫 번째 시험에서 악마를 물리칠 때 사용한 말을 새롭게 이해할 수 있다. "사람은 빵만 먹고 사는 것이 아니다." 이는 우리가 굶주린 사람을 먹이지 말아야 한다는 뜻이 아니다. 인간은 몸과 영혼이 복잡한 상호작용을 하는 존재인 만큼 몸으로만 완전히 만족할 수 없다는 말이다. 5천 명이 만족할 수 있었던 것은 예수가 그들을 전 인격적인 존재로 대했고 진정한 인간 욕구의 모든 차원에서 그들을 존중했기 때문이다. 이런 일이 일어날 때는 언제나 결핍이 풍요로 변하고, 물고기 몇 마리와 빵 몇 조각이라도 우리 앞에 차려진 성대한 잔치처럼 보일 수 있다.

나는 때때로 사람들에게 오병이어와 같은 '기적'을 경험한 적이 있느냐고 묻는다. 다수가 그런 적이 있다고 말한다. 이런 종류의 기적은 일상적으로 접할 수 있는 것이기 때문이다. 나 자신도 오병이어의 기적과 아주 흡사한 기적을 여러 번 경험했기 때문에 복음의 이야기가 나에게는 아주 개연성 있게 보인다.

나는 10년 동안 계획공동체에 살았는데, 종종 외국에서 온 사람들을 만나는 영광을 누렸다. 그들 중 한 사람은 중국 정부의 고위 관리이자 공산당원으로서 그 내면의 빛이 특히 강렬하고 한결같은 인물이었다.

어느 날 그는 우리 여덟 명을 위해 중국 요리를 만들겠다고 제의하여 우리가 선뜻 수락했다. 내가 그를 식료품 가게로 안내하면서 수중에 20달러가 있었지만 혹시 모자랄까 봐 은행에 들렀다. 무의식적으로 미국 중산층의 추수감사절 식사를 준비할 때처럼 식료품을 대량으로 구입할 것으로 생각했던 것이다. 제자들처럼 나도 이번 식사는 많은 현금이 필요할 것으로 확신했던 셈이다.

그 중국인 친구는 가게에 들어가자 적당한 양의 야채와 계란, 쌀과 몇 가지 품목만 구입했다. 우리는 10달러 정도를 지불한 뒤에 집으로 향했다.

그는 우리를 부엌에 모아놓고 식사 준비에 협조하는 법을 보여주었다. 우리는 양념을 찾고, 취사도구를 꺼내고, 소스를 만들고, 계란을 흰자와 노른자로 분리했고, 야채를 아주 가늘게 썰었는데 금세 없어질 것만 같았다. 그런데 오히려 그 양이 왕창 늘어나서 우리의 기쁨도 커졌다. 우리는 그날 오후를 부엌에서 얘기하고 웃고 배우는 일로 보냈다.

요리하는 일 자체는 별로 시간이 들지 않았다. 그런데 예닐곱 가지의 요리가 준비되어 눈이 휘둥그레진 사람들 앞에 놓여졌다. 얼마 안 되는 식료품에서 우리 모두를 만족시킬 만한 만찬이 출현한 것이다. 그 만족감을 장식하고 있는 품목은 우리의 중국인 친구에게서 느낀 기쁨, 그의 풍부한 옛 문화(우리에게는 오랜 세월 감춰져 있던)에 참여하는 경이감, 서로 함께하는 즐거움, 우리가 세계 평화에 한 걸음 가까워졌다는 느낌 등이었다. 사랑의 연금술은 결핍을 풍요로 바꿔놓았고, 그날 이후 나는 5천 명을 먹인 사건이 마가가 들려준 그대로 일어났다는 것을 믿는 데 아무런 어려움이 없었다.

공동체를 위한 리더십

오병이어의 기적은 예수와 그의 제자들이 사역에서 물러나 관조의 휴식을 취하려다가("너희는 따로 외딴 곳으로 와서, 좀 쉬어라") 그들의 주목을 요구하는 군중에 의해 좌절되는 장면과 함께 시작된다. 그런데 예수는 관조란 우리가 고요한 중에 홀로 있을 때에만 일어날 수 있다는 관념을 고수하지 않는다. 대신에 이 사건 전체를 관조의 기회로 삼음으로써 다시금 관조와 행동의 역설을 보여준다.

앞 장에서 나는 관조를 환상을 벗기고 실상을 드러내는 모든 방식을 일컫는 단어로 규정했다. 이 이야기에서 예수의 행동은 수천 명의 사람들에게 결핍의 환상을 꿰뚫고 풍요의 실상을 만질 기회를 준다. 하지만 이 관조의 순간은 결코 현실에서 물러난 고요한 순간이 아니다. 오히려 에너지와 움직임으로 충만한 공공연한 사건이다. 우리는 우리 시대에도 간디, 마틴 루터 킹, 도로시 데이와 같이, 볼 눈이 있고 들을 귀가 있는 사람들에게 관조의 기회를 제공하는 공적인 행동에 뛰어났던 지도자들에게서 그런 사건을 목격했다. 우리가 그런 행동의 본질을 잘 이해할 수만 있다면 우리 역시 비록 규모는 작지만 그처럼 의미심장한 방식으로 행동할 수 있을 것이다.

군중을 공공연한 관조 속으로 인도하는 예수의 역량을 이해하려면 그 중요한 순간, 곧 예수가 빵 다섯 개와 물고기 두 마리를 들어서, 하늘을 쳐다보고, 축복하는 순간으로 돌아가야 한다. 예수는 하늘을 응시하는 몸짓과 축복의 언행을 통해 자기의 행동에 힘을 실어주는 적어도 두 가지 확신을 보여준다. 첫째, 그는 양식에 대해 감사를 드림으로써 그 자신 및 다른 이들이 선물에 의존하고 있다는 것과 그 선물이 이미 주어졌다는 사실을 인정한다. 둘째, 그는 그 상황에서 그 자신의 능력이 아닌 어떤 능력, 즉 일어날 일에 대한 도무지질 수 없는 전적인 책임에서 그를 해방시켜 주고, 따라서 책임 있게 행동할 수 있도록 해주는 어떤 능력이 있다는 믿음을 표현하고 있다.

　여기에서 선물에 대한 감사와 우리의 능력이 아닌 어떤 능력에 대한 의존과 관련한 선이 존재한다. 그 선의 한편에는 예수가 서 있는데, 그의 감사와 의존은 그에게 행동할 수 있는 힘을 줄 뿐만 아니라 그의 행동에 긴급성을 부여하기도 한다. 그 선의 다른 편에는 우리가 서 있는데, 우리는 하나님의 선물이란 개념을 이용하여 행동의 책임에서 벗어나려는 자들이다. "하나님이 그렇게 하시도록 내버려두라"든가 "하나님이 알아서 하실 것이다"라는 말은 이런 영적인 회피를 나타내는 적나라한 표현이고, 이런 자세는 좀 더 미묘하고 세련된 형태를 지닐 수도 있다. 사실 행동하지 않는 것을 종교적으로 합리화하는 태도는 때때로 신학적인 위상을 덧입기도 한다.

　나는 하나님이 행동하는 분임을 안다. 그러나 하나님은 우리의 인간적 형태를 포함하여 그분이 땅 위에서 취하는 다양한 몸을 통하여 성육신적으로만 행동할 수 있다고 믿는다. 만일 우리를 비롯한 피조물들이 하나님의 열망, 하나님의 에너지, 하나님의 뜻에 실체를 주지 않거나 줄 수 없다면 하나님이 행동할 수 있는 길은 없다. 우리는 하나님이 주시는 선물들을 분별하고, 받아들이고, 사용하고, 전달해야만 한다. 우리의 능동적인 협조가 없으면 하나님의 풍요로움은 영원히 이용되지 않은 채 언제나 가능성의 영역에만 남아 있을 뿐이다. 이를 기독교적인 용어로 표현하자면, 우리는 그리스도의 삶을 성육하도록 부름받았다고 할 수 있다.

안타깝게도 성육신에 대한 대표적인 해석에 따르면, 예수는 모든 시공간을 통틀어서 그리스도의 삶을 보여주는 유일무이한 구현이라고 한다. 최악의 경우, 이 해석은 캡슐에 싸인 예수, 유리 상자 속에 갇힌 거룩한 아이콘, 저 멀리 있는 경배의 대상일 뿐 관계는 맺을 수 없는 존재를 만들었다. 최선의 경우, 이 해석은 역사적인 '위인' 이론을 만들었다. (그리고 이 이론은 언제나 '사람들'에 관한 것이다.) 여기에서 예수는 독특한 인물로 남지만 소수의 사람들—아브라함 링컨이나 교황 요한 23세 같은—도 그리스도와 비슷한 자질을 갖고 있고, 예수처럼 홀로 일을 성사시킬 수 있는 존재로 여긴다. 최선이든 최악이든, 예수를 그리스도의 유일무이한 성육신으로 삼는 신학은 인간의 굶주림에 대해 하나님의 풍요를 성육하는 일상적 행동으로 반응해야 할 우리의 책임을 면제시켜 준다.

나는 모든 인간이 하나같이 거룩한 분의 성육신이고, 우리 모두가 그 거룩함을 삶으로 구현할 수 있는 잠재력을 갖고 있다고 믿는다. 그러나 거룩한 삶은 단지 개인의 위대한 삶에 그치지 않는다. 그것은 공동체에 내재된 능력, 곧 우리가 서로 간에 그리고 하나님과 더불어 갖고 있는 능력, 결핍의 환상 배후에 있는 공동의 풍요로움이 지닌 능력을 불러일으키는 삶이다.

5천 명을 먹이는 사건에서 (부버의 천사와는 달리) 예수는 홀로 행동하지 않았다. 그리고 이것이 그의 '기적'을 이해하는 열쇠다. 그는 다른 사람들과 협력하여 행동했고 공동체의 풍요로움을 환기시켰다. 궁극적으로, 성육신 신학의 중심에 있는 "그리스도의 몸"은 예수의 신체적인 몸이 아니라 어디에서든 성령을 중심으로 모이는 사람들의 공동의 몸이다.

그런데 우리가 공동체를 환기시키려고 행동할 때에라도 공동체 자체는 우리가 이룰 목표가 아니라 받을 선물이라는 점을 기억해야 한다. 우리는 공동체를 여러 프로젝트 중의 하나로 만들고, 서로 관계를 맺으려고 힘겹게 씨름하다가 결국은 그 스트레스로 인해 탈진하고 분해되는 성향이 적지 않다. 그런데도 번번이 우리는 힘겹게 공동체를 '만들려고' 애쓰다가 실패를 거듭하고 만다. 왜 그럴까? 우리가 주체로 있는 한 우리에게 통제권이 있기 때문이다. 그리고 우리에게 통제권이 있는 한 우리는 참된 공동체의 위험을 감수하지 않게 될 것이다.

모든 선물이 그렇듯이 참된 공동체도 위험을 안고 있다. 공동체는 생길 수도 있고 생기지 않을 수도 있고, 받을 수도 있고 받지 못할 수도 있으며, 우리가 좋아하는 결과를 낳을 수도 있고 낳지 못할 수도 있다. 2천 년이 지난 오늘 우리가 오병이어의 이야기를 읽노라면 예수가 그의 행동의 결과를 정확히 알고 있었다고 상상하기가 쉽다. 마치 마술사가 자기가 부리는 재주의 결과를 알고 있듯이 말이다.

그러나 기적은 마술이 아니고, 예수는 우리와 마찬가지로 무언가가 보장된 행동을 한 것이 아니다. 예수가 공동체의 능력을 환기시키고 결핍의 환상 배후에 있는 풍요의 실상을 나타내려고 했을 때 그것은 불리한 결과를 초래할 가능성이 있었다. 자칫하면 예수는 결핍의 환상을 포기하지 않겠다고 버티는 굶주리고 성난 군중, 그들의 안녕을 돌볼 책임을 마다하는 군중에 둘러싸여 위험한 지경에 빠질 수도 있었다.

설상가상으로, 우리가 결핍의 환상을 관통하여 공동체의 풍요로운 행동을 유발하면 당국자들의 분노를 살 위험이 다분히 있다. 정치권력은 종종 결핍의 환상을 영속화시키는 데 달려 있고, 풍요를 초래할 공동체의 잠재력을 밝히는 자는 고위층의 진노를 느끼게 될 것이다. 어쨌든 예수가 처형당한 것은 풍요로움을 보여주지 못했기 때문이 아니라 그것을 대단히 흥미롭게 보여줬기 때문이 아니었던가! 과거에 공동체에게 행동할 능력을 부여했던 간디와 마틴 루터 킹을 비롯한 많은 지도자들에 대해서도 똑같이 말할 수 있다.

하지만 이 모든 위험에도 불구하고 예수는 주저하지 않고 자신의 능력을 발휘한다. 공동체의 선물에 대해, 그리고 공동체의 문제와 잠재력에 대해 열려 있는 파격적인 개방성이 지닌 능력이다. 예수는 하늘을 쳐다보고 감사를 드리는 단순한 몸짓으로 그 자신을 자비에 내던진다. 물론 하나님의 자비에. 하지만 군중의 자비에도. 그에게는 아무런 보장도 없다. 어쩌면 늑대에게 자신을 내던지고 있을지도 모른다. 그러나 그가 감사와 의존의 몸짓으로 스스로 취약한 상태에 빠졌을 때, 그는 사람들 속에 있는 비슷한 취약성을 환기시키며 그들 각자가 소유한 풍요를 인정하고 그에 따라 행동할 수 있는 기회를 준다. 사람들이 언제나 협조적으로 반응하는 것은 아니지만 이 경우에는 그렇게 반응한 결과 공동체가 지닌 풍요의 실상이 나타나게 된다.

만일 이런 은혜의 연속작용이 발동되지 않았다면 예수는 공동체를 이끌어 낼 수 없었을 것이다. 예수는 진정한 공동체를 불러일으킬 수 있는 유일한 종류의 리더십을 행사한다. 그것은 다른 사람들이 행동할 수 있는 공간을 마련함으로써 실패의 위험(심지어는 십자가의 죽음)을 감수하는 리더십이다. 한 리더가 모든 공간을 차지하고 모든 행동을 선취할 때에는 무언가를 성취할지 모르지만, 그 무언가는 공동체는 아니다. 그것은 풍요로움도 아니다. 리더는 단 한 사람일 뿐이고 한 사람의 자원은 바닥이 날 수밖에 없기 때문이다. 반면에 리더가 사람들이 풍요를 갖고 있고 다 함께 풍요를 창출할 수 있다고 기꺼이 믿고 사람들로 그 풍요를 나누도록 초대하는 위험을 기꺼이 감수할 때는 진정한 공동체가 생길 것이다.2

만일 우리가 공동체란 것을 하나의 프로젝트로 여기고 올바른 테크닉과 올바른 환경, 올바른 목표들과 올바른 사람들만 있으면 실현할 수 있다고 생각한다면 그것은 오해다. 공동체와 그 풍요로움은 우리의 삶을 지탱하는 값없는 은혜의 선물로 언제나 저기에 있다. 문제는 우리가 그 선물들을 인식하고 받아들일 수 있느냐 하는 것이다. 공동체는 누군가가 풍요를 전제하되 다른 이들은 결핍의 환상을 붙잡을 수 있음을 인식하는 가운데 위험천만한 공적인 행동을 취할 때에만 생길 가능성이 높다. 예수의 이야기와 우리의 이야기가 이런 위험천만한 행동을 담고 있을 때에야 들려줄 가치가 있는 것이다.

"부활의 위협":
죽음인가, 새 삶인가

8장

―

행동의 지평

각 인생은 하나의 지평, 곧 저 멀리 놓인 어떤 비전을 향해 걷는 발걸음이다. 우리 행동의 질은 그 지평이 죽음으로 어두운지, 아니면 빛과 생명으로 충만한지에 크게 달려 있다. 우리가 죽음의 종착역을 향해 움직이고 있다고 상상할 때에는 우리의 행동이 볼품이 없을 것이다. 우리는 마비가 되어 자유로이 행동할 수 없을 것이다. 우리는 우리의 소유를 보호하고 보존하는 일에 사로잡혀 두려움에 떨며 행동할 수 있는데, 이는 소유를 잃는 확실한 길이다. 우리의 지평에 죽음이 놓여 있으면 그것을 해치울 것을 겨냥하면서 자기파멸에 이르는 방식으로 행동할 수 있다. 반면에 우리가 생명의 소망을 품은 지평을 바라보고 있을 때에는 두려움 없이 자유로이 행동하게 된다. 진리와 사랑과 정의가 우리의 운명을 좌우할 것이기 때문에 오늘 이 순간에도 자유로이 이런 특색을 지닌 행동을 하게 된다.

우리가 죽음이나 새로운 삶 중 어느 것을 향하고 있느냐 하는 문제는 대부분의 종교 전통의 핵심 사안이고, 특정 종교가 이 문제에 어떻게 답변하느냐는 그 종교가 지닌 활동적인 삶의 개념에 큰 영향을 미친다. 우리가 흔히 볼 수 있는 문답은 이런 식으로 진행된다. 우리는 죽음이 지배하는 듯이 보이는 세계, 죽음을 권력과 통제의 수단으로 이용하는 세계에 살고 있다고. 우리는 우리의 신체적 몰락을 직면해야 할 뿐만 아니라, 우리가 세계의 질서에 지나치게 도전하면 수입이나 지위나 평판의 죽음에서 폭력에 의한 신체적인 죽음에 이르기까지 많은 것을 잃게 될 것이란 위협도 받게 될 것이라고. 우리가 이런 위협거리를 두려워하며 사는 한 세계에 속박된 상태로 살게 될 거라고. 그러나 다시금 모든 위대한 전통들은 우리에게 두려워하지 말라고 일러준다. 죽음이 최종 결론은 아니라고. 크고 작은 모든 죽음 너머에는 부활, 곧 새로운 생명이 있다고. 만일 우리가 이것을 믿고 그에 따라 행동한다면, 우리는 두려움과 속박에서 해방되어 성령의 자유 안에서 살게 될 것이라고.

나는 이 전통적인 신앙과 함께 자랐고 그 신앙 속으로 들어가려고 애썼으며, 한동안 그것은 나에게 타당하게 보였다. 대부분의 사람들처럼 나도 내 삶에서 죽음과 부활을 모두 알아왔고, 최근까지만 해도 그 위대한 순환을 전통적인 공식이 잘 대변하는 듯이 보였다. 그런데 나는 「부활의 위협」(Threatened with Resurrection)[1]이란 깜짝 놀랄 만한 제목이 붙은 줄리아 에스퀴벨의 작은 시집을 접하게 되었다.

이 글귀는 내 마음을 완전히 뒤집어 놓았고, 내가 그 제목이 붙은 시를 읽고 또 읽으면서 왜 그런지를 알게 되었다. 나는 다양한 형태의 죽음을 두려워한 것 이상으로 때때로 삶 자체를, 그리고 새로운 삶을 향한 움직임을 두려워했기 때문이다. 사실 한두 번은 삶이 매우 버거워서 차라리 모종의 죽음으로 '해방되고' 싶은 심정이었다. 주변을 돌아보면 이런 바람직하지 않은 심정을 품는 사람들이 적지 않았다. 우리의 정신, 우리의 사회, 우리의 영성은 때때로 삶에서 도망쳐서 죽음을 향해 달려가는 것 같다.

이 점을 잘 보여주는 두 가지 이야기가 있는데, 하나는 유머러스한 것이고 다른 하나는 병적인 것이다. 우디 앨런은 "애니 홀"이란 영화에서 한 남자에 관한 이야기를 들려준다. (나는 약간 윤색해서 들려주겠다). 그 남자는 정신과 의사에게 가서 자기와 함께 사는 처남을 햇병아리로 생각한다며 불평을 늘어놓았다. 의사는 말했다. "그의 증상을 말해보시오. 그러면 내가 도울 수 있을 겁니다." "아, 그는 꽥꽥거리고 양탄자와 가구를 쪼고 구석에 둥우리를 틉니다"라고 그가 대답한다. 의사는 잠시 생각하더니 말한다. "그건 단순한 신경증인 것 같군요. 처남을 데려오시면 내가 완전히 치료할 수 있을 것 같습니다." 그러자 그 남자는 말한다. "아, 아닙니다, 의사 선생님, 우리가 원하는 건 그것이 아니고 계란입니다!"

자기 처남의 신경증이 아주 유용하기에 적어도 일부라도 보존하고 싶어 하는 남자가 있다. 우리도 때로는 우리의 병적 측면이 우리에게 쓸모가 있어서 전부 혹은 부분적으로 그것을 붙잡는다. "우리가 원하는 건 계란"이기 때문에 건강보다 이런 '작은 죽음'을 선호하는 것이다. 우리는 우리의 연약함이 어떤 기능을 하고 심지어는 위로를 준다고 생각한 나머지, 마음속 깊숙한 곳에서 건강과 새로운 삶과 부활을 위협거리로 여긴다.

이와 동일한 점을 보여주는, 사도 베드로에 관한 위경(僞經)의 이야기가 있다. 예수의 십자가 죽음과 부활 직후에 이 위대한 사건의 능력으로 충만한 베드로가 성문 곁에서 웅크리고 있는 맹인 거지를 보게 된다. 동정심이 솟구치자 베드로는 그에게 달려가서 눈 위에 손을 얹고 "부활하신 그리스도의 이름으로 명하노니 네 시력이 회복될지어다!"라고 외친다.

거지는 눈이 활짝 열려 완전히 치유된 상태로 후다닥 일어났다. 그런데 분노가 가득한 얼굴을 하고 베드로에게 이렇게 소리쳤다. "이 바보야! 당신이 내 생계 수단을 빼앗아 버렸잖아!" 그러고는 재빠른 동작으로 자기 손가락으로 눈알을 파내고 거리에 쓰러진다.[2] 여기에 강력한 은유가 있다고 나는 생각한다. 우리는 맹인 상태에서 "생계를 유지하는" 법은 알고 있지만, 우리의 시력이 회복되었을 때

굶어 죽을 것을 두려워한다.

나도 삶보다 죽음을 선호한 경험이 있는데, 그중에는 여러 차례에 걸친 우울증과의 싸움도 들어 있다. 우울증은 참으로 두려운 질병이라서 교훈을 위해 추천할 만한 것은 못 된다. 하지만 그 질병에 걸리면 그 교훈을 배워야지만 그 과정을 통과할 수 있다. 내가 배운 가장 어려운 교훈 중의 하나는 이러하다. 내가 우울증에 빠져 있으면 삶이 '더 편해지기' 때문에 많은 고통과 절망에도 불구하고 나의 일부는 그냥 그 상태로 있고 싶어 한다는 것이다. 우울증을 앓고 있는 동안은 아무도 나에게 큰 기대를 하지 않고 나 자신도 마찬가지였다. 나는 연민의 정을 많이 끌어냈고 힘든 일은 별로 없었다. 나에게는 행동과 결정과 책임성의 세계로부터 숨을 수 있는 정당한 이유가 있었다. 그렇다고 우울증이 일종의 휴가라는 뜻은 아니고, 그 끔찍한 경험에도 불구하고 내 일부가 그 상태로 있기 원한다는 사실이 더욱 놀랍기만 하다. (우울증에 시달리는 다른 이들도 동일한 경험을 한다는 소리를 들었다.)

그래서 나는 중년의 나이에, 젊은 시절에 상당한 의미를 지녔던 그 영적인 공식("죽음은 우리를 위협하나 두려워할 필요가 없는 것은 부활이 가까웠기 때문이다")을 뒤로 뒤집어도 여전히 진리라는 것을 깨달았던 셈이다. 다양한 형태의 죽음이 때로는 위안이 되는 반면, 부활과 새로운 삶은 부담스럽고 위협적인 성격을 지니고 있다. 만일 내가 부활이 실재하는 것처럼 살고 새로운 삶을 위해 나 자신이 죽도록 허용한다면, 나는 무슨 일을 하도록 부름을 받을까? 나에게 얼마나 낯설고 힘겨운 과업이 주어질까? 그동안 누리던 위안을 빼앗기지 않을까? 내 삶은 어떻게 변할까? 그래도 여전히 '계란'을 손에 쥐고, 여전히 '생계'를 유지할 수 있을까?

한동안 나는 예수의 최대 용기는 기꺼이 십자가의 죽음으로 나아간 데 있었다는 관념에 공감했었다. 그러나 지금은 그만한 확신이 없다. 그의 생애는 온통 싸움으로 점철되어 있어서 죽음에 대한 생각이 편안하게 다가왔을지도 모른다. 어쩌면 그보다 더 큰 용기는 부활을 받아들이는 일이었을지 모른다. 영원토록 하나님의 오른편에 앉는다는 것은 결코 부담 없는 일이 아니었을 테니까.

만일 우리에게 삶을 두려워하고 죽음에 끌리는 면이 있다면, 우리의 세계가 왜 그토록 죽음과 그 하수인에게 지배를 당하고 있는지를 이해할 수 있을 것이다. 왜 우리는 오늘날처럼 핵무기가 모든 생명을 파괴할 수 있는 시대에 그렇게 쉽게 전쟁에 나가는가? 왜 우리는 폭력과 살인이 난무하는 '오락물'에 그토록 매력을 느끼는가? 왜 우리는 발암성 물질과 핵무기 공장으로 인한 '어느 수준의 죽음'을 그렇게 쉽게 받아들이는가? 아마도 삶과 삶이 주는 도전들과 변화의 요구를 두려워하기 때문이리라. 어쩌면 우리가 안전하고 예측 가능한 무덤에 갇히는 것을 선호하기 때문일 것이다.

이와 같이 삶을 두려워하고 죽음에 끌리는 성향은 부활의 복음을 전하는 바로 그 영적 전통들 안에서도 발견할 수 있다. 내가 속한 전통을 예로 들자면, 생명력에 대한 불신이 매우 큰 나머지 그 주요 의제가 인간의 영을 해방시키는 일이 아니라 통제하는 일로 전락한 흐름이 있다. 이 진영에서는 인간의 생명력을 선한 질서를 위협하는 것으로 여긴다. 그러나 모든 진정한 영성이 지닌, 삶을 긍정하는 신앙은 성경에 나오는 다음의 말씀이 잘 표현해 준다. "내가 생명과 사망과 복과 저주를 네 앞에 두었은즉… 생명을 택하라"(신명기 30:19). 우리가 이 명령을 좇아서 죽음이 아닌 생명을 위해 행동하려고 한다면, 우리가 어떻게 또 어째서 "부활의 위협"을 느끼는가 하는 문제를 다루지 않으면 안 된다.

누가 우리를 위협하는가?

줄리아 에스퀴벨은 그녀의 시집 「부활의 위협」에서 우리 북아메리카 사람이 특별히 들을 필요가 있는 목소리로 말한다. 에스퀴벨은 과테말라 태생으로, 초등학교 선생으로 일하다가 정의를 위해 헌신하는 바람에 당시 파시스트 정권의 반대편에 서게 되어 결국 사랑하는 조국을 떠나지 않을 수 없게 되었다. 그녀는 제3세계의 시민으로,

라틴아메리카 사람으로, 여성으로, 어린이 변호인으로서 온갖 종류의 억압을 당한 것을 토로한다. 그녀의 시에 담긴 희망은 참으로 어렵게 얻은 것이다.

이 시집의 제목이 된 그녀의 시는 길고도 복잡하지만 강력하고 풍부한 의미를 지니고 있다. 거기에는 북아메리카 독자들을 배려하여 과테말라의 역사와 문화에 대한 설명이 각주로 달려 있다. 그 설명을 여기서 간단하게 살펴보면 그 시를 더 잘 이해할 수 있을 것이다. 라비날은 군인들이 농부를 대규모로 학살한 소도시이다. 1954년에 용병들이 미국 CIA의 지원을 받아 국민이 선출한 하코보 아르벤스 대통령(미국 회사가 차지했던 땅을 민중에게 돌려주려고 계획했다)의 정권을 타도한 것으로 알려져 있다. 이후로 군사정권이 계속 권력을 유지했고 혹독한 억압이 이어졌다. 살해된 민간인만 해도 10만 명이 넘었다. 케트살은 과테말라의 국가적 상징이자 아름답고 희귀한 열대지방의 새이며, 새장에 가두면 죽어버리고, 자신의 재 속에서 되살아난다는 이집트의 전설적인 봉황에 비유되는 새이기도 하다. 익스칸은 광석이 풍부한 지역으로, 본래 인디언 농부들이 살다가 부유하고 힘 있는 사람들에 의해 쫓겨난 곳이다.

"그들은 부활로 우리를 위협했습니다"

내 친구여, 우리의 안식을 방해하는 것은
길거리에서 들려오는 소음도
'성 바울' 술집에서 나오는 술 취한 젊은이들의 고함소리도
산행길이 즐거워 떠들어대는
지나가는 등산객들의 목소리도 아닙니다.

우리를 잠들지 못하게 하고
우리를 쉬지 못하게 하고
마음 깊숙한 곳을 끊임없이 두드리는 것이
우리 속에 있습니다.
그것은 남편을 잃고 조용히 흐느끼는
인디언 여인의 따스한 눈물입니다.
그것은 기억 저편을 바라보는
아이들의 슬픈 눈빛,
눈감고 자는 동안에도 지켜보는
깰 때마다 마음 졸이며 지켜보는
우리의 눈동자 속에 비친
그들의 슬픈 눈빛입니다.

그들 중 여섯이 우리를 떠났고,
라비날에서는 아홉 명이 떠났습니다.
그리고 둘 더하기 둘 더하기 둘,
그리고 열, 백, 천,
온 무리가 우리의 고통을
우리의 두려움을
우리의 용기를
우리의 희망을 증언합니다!

우리가 잠들지 못하는 것은
그들이 부활로 우리를 위협했기 때문입니다!
날마다 해질 무렵이면
1954년 이후 한없이 쌓이는 주검으로 지치고 말지만
여전히 우리는 삶을 사랑하고
그들의 죽음을 받아들이지 않기 때문입니다!
그들은 부활로 우리를 위협했습니다.
우리는 그들의 생기 없는 몸과 영혼이
이중으로 방어한 우리의 몸과 영혼에
침투했음을 느꼈기 때문입니다.
이 희망의 마라톤에는

우리가 죽음 너머 있는 목표에 도달하는 데
필요한 용기를 품을 때
우리의 짐을 덜어주는
타인들이 언제나 있기 때문입니다.

그들은 부활로 우리를 위협했습니다.
그들은 우리로부터
그들의 몸을
그들의 영혼을
그들의 힘을
그들의 정신을
심지어는 그들의 죽음을
그중에서도 그들의 삶을
억지로 빼앗을 수 없기 때문입니다.
그들은
그들의 피로 얼룩진 거리에
그들의 울음소리로 가득 찬 공중에
그들의 그림자를 숨긴 정글에
그들의 웃음을 담은 강에
그들의 비밀을 간직하고 있는 바다에

그들의 재를 삼킨 화산의 분화구에

그 새날의 피라미드에

오늘도 내일도 언제나

살아 있기 때문입니다.

그들은 부활로 우리를 위협했습니다.

그들은 지금 그 어느 때보다 생생히 살아 있기 때문입니다.

그들은 우리의 고통을 변화시키고

우리의 몸부림을 풍요롭게 하기 때문입니다.

그들은 저 발광하는 고릴라들의 두려움 앞에서

넘어지는 우리를 일으켜 세우고

거인들처럼 허리띠를 졸라매게 하기 때문입니다.

그들은 부활로 우리를 위협했습니다.

그들은 삶을 모르기 때문입니다(가련한 것들!).

그것이 바로

우리를 잠들지 못하게 하는

회오리바람,

잠자는 동안에도 지켜보게 하고

깨어 있는 동안에도 꿈꾸게 하는

그 이유입니다.

아닙니다.
그것은 길거리에서 들려오는 소음도
'성 바울' 술집에서 술 취한 자들이 질러대는 고함소리도
야구장의 팬들 입에서 나오는 떠들썩한 소리도 아닙니다.
그것은 익스칸에서 추락한
케트살의 상처를 치료할
만화경 같은 투쟁의 내부에서 불어오는
태풍입니다.
그것은 조만간에 온 세계를 뒤흔들고
모든 것을 제자리에 앉힐
지진입니다.

아닙니다, 형제여,
우리를 잠들지 못하게 하는 것은
길거리에서 들려오는 소음이 아닙니다.

그대여, 우리 함께 밤을 지새워 봅시다.
그러면 그대는 꿈꾼다는 것이 무엇인지를 알게 될 것입니다!

그러면 부활의 위협을 당하며 사는 것이
얼마나 멋진 일인지를 알게 될 것입니다!

깨어 있으면서 꿈꾼다는 것,
잠자면서도 지켜본다는 것,
죽어가면서도 살아 있다는 것,
그리고 자신이 이미 부활했다는 것을 아는 것이
얼마나 멋진 일인지를![3]

이 시는 몇 가지 긴급하고도 유익한 질문을 불러일으키는데, 그 제목만 해도 당장 한 가지 의문을 제기하게 한다. 누가 부활로 우리를 위협한다는 말인가? 처음에는 답변이 뻔해 보인다. 부활로 우리를 위협하는 사람들은 바로 죽음으로 우리를 위협하는 자들이다. 과테말라인들의 경우, 그 위협은 정부와 부자들을 위해 살인을 자행하는 "발광하는 고릴라들"로부터 온다. 우리가 죽기를 바라는 그들 말고는 누가 부활로 우리를 위협할 수 있겠는가?

그러나 에스퀴벨이 시의 본문에서 "그들은 부활로 우리를 위협했습니다"라는 어구를 처음 사용한 대목을 보면 헷갈리고 만다. 이 어구는 그녀가 라비날에서 수백 명의 농부가 죽임을 당한 것을 말한 직후에 나오고, 그다음에는 "…우리는 그들의 생기 없는 몸과 영혼이 이중으로 방어한 우리의 몸과 영혼에 침투했음을 느꼈기 때문입니다"라는 문장이 이어진다. 여기서 우리는 살해자들이 아니라 죽은 자들에 의해 부활의 위협을 당하는 듯하다.

그러나 이 생각도 에스퀴벨이 "그들은 부활로 우리를 위협했습니다 / 그들은 우리로부터 / 그들의 몸을 / 그들의 영혼을 / 그들의 힘을 / 그들의 정신을 / 심지어는 그들의 죽음을 / 그중에서도 그들의 삶을 / 억지로 빼앗을 수 없기 때문입니다"라고 말하는 것을 보면 또 헷갈린다. 만일 "그들"이 죽은 자들이라면, 왜 그들은 그들의 유산을 살아 있는 자로부터 빼앗으려고 하겠는가? 여기서는 오히려 우리를 부활로 위협하는 자는 살해자들인 것 같다.

그런데 에스퀴벨은 아주 애매모호한 "그들"을 또다시 언급한다. 예컨대 그녀는 "…여전히 우리는 삶을 사랑하고 그들의 죽음을 받아들이지 않기 때문입니다!"라고 말한다. 그녀가 말하는 "그들의 죽음"은 무슨 의미인가? 라비날에서 죽임을 당한 농부들의 죽음인가, 아니면 그들을 죽인 자들이 언도받은 죽음인가? 나중에 시인은 "그들은 부활로 우리를 위협했습니다 / 그들은 삶을 모르기 때문입니다(가련한 것들!)"라고 말한다. 여기서 "가련한 것들!"은 이미 죽어서 이제는 이 땅에서의 삶보다 더 나은 것을 알고 있는 사람들을 가리키는가? 아니면 타인을 죽임으로써 자기네가 삶에 대해 전혀 모른다는 것을 보여주는 자들을 지칭하는 비웃음인가?

이 시에 대해 곰곰이 생각하면 할수록 과연 누가 부활로 우리를 위협하는지를 말하기가 더욱 어려워진다. 이 시 자체가 에스퀴벨이 사용하는 이미지인 만화경처럼 보인다. 우리가 그것을 돌릴 때마다 새로운 패턴이 나타나는 듯하다. 그런즉 이 시는 인생을 있는 그대로 모방하고 있다. 인생을 살다보면 "부활의 위협"이 남을 죽이는 자들과 새로운 삶을 바라보며 죽은 자들 양편에서 오기 때문이다. 복음의 이야기를 보면, 부활의 위협이 부분적으로는 자신의 죽음뿐 아니라 자신의 부활까지도 수용했던 예수로부터 온다. 하지만 그 위협은 또한 예수를 그의 죽음과 그의 새로운 삶으로 보냈던 유다로부터도 온다. 에스퀴벨은 만화경이란 어휘를 사용하여 모든 훌륭한 시인들과 같은 일을 하고 있는 셈이다. 우리에게 우리의 행동의 장(場)인 이 세계에 대한 단순하고 달가운 거짓 그림을 주기를 거절하고 우리를 인생의 모호한 바다 속에 빠뜨리는 것이다.

만일 살해자들과 살해당한 자들 모두 부활로 우리를 위협하는 것이 사실이라면, 살아 있는 우리는 그야말로 진퇴양난에 빠진 셈이다. 한편으로, 우리는 살해자들을 두려워한다. 단지 그들이 우리를 죽이고 싶어 하기 때문만이 아니라 부활에 대한 우리의 확신을 시험하고 우리가 알고 있는 인생보다 더 큰 인생으로 기꺼이 진입하고 싶은지를 테스트하기 때문이다. 다른 한편, 우리는 무고한 희생자들, 사랑과 정의와 평화를 위해 죽은 사람들을 두려워한다. 그들은 우리의 친구이긴 하지만 우리를 "이 희망의 마라톤"에서 그들을 따라오라고 부르고 있기 때문이다. 우리가 그들의 부름을 진지하게 여긴다면, 우리 자신도 어떤 형태로든 죽음의 길을 걸어야 할 것이다.

죽이는 자와 죽임을 당하는 자 사이에 갇힌 (서로 자기 방식으로 살아가길 원하는) 우리는 양자에 대해 편치 않은 관계를 맺고 있다. 그래서 우리는 죽은 자들과 살해자들 양편을 모두 무시하려고 애쓰고, 죽음 저편의 새로운 삶의 모호한 부름을 무시하려고 노력하면서 침묵의 음모 가운데 다 함께 웅크리고 있다. 줄리아 에스퀴벨은 우리의 자그마한 덩어리를 쪼개고 싶어 하는 것 같다. 그녀는 우리의 활동적인 삶을 부추기고, 우리에게 순교한 친구들은 물론 발광하는 고릴라들과도 관계를 맺도록 촉구하고, 부활에 대한 두려움 속으로 뚜벅뚜벅 걸어 들어가서 저편의 삶에 대해 우리 자신을 활짝 열라고 권면하는 듯하다.

이 모든 애매모호함은 결국 나를 크게 안심시키는 듯하다. 그것은 생명의 세력과 죽음의 세력 등 모든 세력이 원하든 원치 않든 궁극적으로 선을 위해 일할 것임을 보여준다. 궁극적으로는, 고릴라들과 순교자들 모두 동일한 목표, 즉 부활을 통한 새로운 삶의 목표를 향해 움직인다(비록 고릴라들은 삶에 둔감하기 때문에 그 은혜를 깨닫지 못하겠지만). 에스퀴벨이 생명의 풍요를 이미지로 삼아 말하듯이, 죽이는 자들과 죽임을 당하는 자들 모두 "우리의 몸부림을 풍요롭게" 하는 것이다.

이것은 부버의 이야기에 나오는 그 천사가 큰 대가를 치르고 배워야 했던 역설적 진리와 동일한 것이다. "…바로 이 땅은 썩음으로 말미암아 영양분을 얻고 그 씨앗이 초래할 그늘로 뒤덮여야 한다는 진리다. 그리고 영혼들은 홍수와 슬픔으로 비옥해져야 하고, 이런 것을 통해 위대한 사역이 탄생한다는 것이다." 이 역설이 겉으로는 어렵고 실망스럽게 보일지 모른다. 그러나 우리가 그것을 실행에 옮기기 시작하면, 우리의 죽어가는 과정을 피할 수 있다는 환상 속에서 살려고 할 때보다 훨씬 더 큰 위로를 경험하게 된다.

줄리아 에스퀴벨이 이 시에서 보여주는 드라마는 죽이는 자와 죽는 자의 상호작용에 관한 것만이 아니다. 그것은 그 시의 제목에 나오는 "우리", 곧 살아 있는 방관자들을 포용한다. 문제는 우리가 인생에서 마주치는 빛과 어둠, 삶과 죽음의 모호한 상호작용을 내면화하여 이 역설의 창조적 센터에서 사는 법을 배움으로써 우리를 통해 위대한 사역이 탄생될 수 있게 하느냐 하는 것이다. 우리가 '부활'의 본질에 대한 에스퀴벨의 통찰을 안다면 더욱 힘을 얻게 될 것이다.

부활의 의미

이 시에서 중요한 '부활'이라는 단어의 뜻을 헤아리기는 쉽지 않다. 부활이 하나의 신비를 가리키기 때문이기도 하고 잘못된 해석에 둘러싸여 있기 때문이기도 하다. '부활'은 때때로 아주 문자적으로 사용되어 장차 시장(市長)과 시의회가 있을 천국에서의 내세를 시사한다. 때로는 억압받는 사람들에게 '당신이 머지않아 죽을 때 받을 하늘의 떡'을 약속함으로써 불의의 압력을 배출하는 정치적 안전밸브로 이용되기도 한다. 때로는 물질세계에 관한 시를 볼 수 없는 세속주의자들에게 버림을 받기도 한다.

에스퀴벨은 부활을 매우 물질적인 사건으로 보는 것 같다. 그녀의 비전은 물리학의 기본진리, 곧 우주에서 잃어버리는 것은 하나도 없다는 사실, 우주는 오늘날 태초에 가졌던 원자의 수와 똑같은 수를 갖고 있다는 사실을 상기시켜 준다. 이 단순한 사실 역시 일상생활에서 끊임없이 펼쳐지고 있는 만큼(이해되는 경우는 드물지만) 최상의 시(詩)라고 할 수 있다. 통나무가 화로에서 타고 있을 때, 그것은 사라지는 게 아니라 형태를 바꿀 뿐이다. 그 기본 입자들은 고체에서 보이지 않는 에너지 파동으로 변하는 것이다. 그것들은 한 가지 실재의 배열을 떠나 또 다른 실재의 배열로 엮어질 따름이다.

아마 에스퀴벨이 사용하는 부활의 뜻은 이런 것이 아닐까 생각한다. 마치 불타는 통나무가 에너지의 형태로 계속 살아 있듯이, 진리를 위해 죽는 이들도 살아 있다는 것이다. 문제는 살아 있는 우리가 그 변형을 이해하고 불 곁에 모여서 그 불이 우리의 삶에 에너지를 불어넣어 우리가 부활과 그로 인한 새로운 삶에 참여할 수 있도록 허용하느냐 하는 것이다.

에스퀴벨의 부활관에 대한 이 해석은 그녀가 물질의 이미지를 거듭 사용하는 것을 보면 타당하다고 할 수 있다. 이 시인이 사용하는 다음과 같은 문구를 보라. 죽은 자는 "오늘도 내일도 언제나" 살아 있다. 거리에, 공중에, 정글과 강과 바다에, 화산의 분화구에도. 이런 것은 은유가 아니다. 그것들은 이 시가 명백히 밝히고 있듯이—"그들의 피로 얼룩진 거리에", "그들의 비밀을 간직하고 있는 바다에", "그들의 재를 삼킨 화산의 분화구에"—무고한 사람들이 죽임을 당한 구체적인 장소들이다. 이 평범한 물리적 장소들에서 신비로운 변형이 일어나기 시작한다. 생명이 죽음으로 변형되었다가 다시 생명으로 변형되는 일이다. 이것은 오직 살아 있는 우리가 그 속으로 들어갈 때에만 완성되는 변형이다.

북아메리카 사람들은 지금까지 배운 하나님과 자연 간의 분립이나 적대관계를 극복하지 못한다면 부활에 대한 이런 관점을 이해할 수 없고 거기에 참여할 수도 없을 것이다. 우리의 신학은 하나님을 자연과 서로 대립하는 위치에 둔 채 '자연 숭배'의 냄새가 나는 것이면 무엇이든 반대해 왔다. 이 신학의 의도는 자연세계의 타락성(fallenness)에 대비하여 하나님의 타자성(otherness)을 높이는 것이었다. 그런데 종종 하나님을 우리 인간 편에 둔 채 우리에게 자연을 지배하고 통제하는 권세가 있다는 관념을 방어하는 역할을 할 따름이다.

신학적 논쟁은 제쳐놓더라도 오늘날 우리는 자연에 대한 '청지기 직분'이 얼마나 파괴적인 결과를 낳았는지를 뼈아프게 배우는 중이다. 우리는 자연의 거룩함, 자연을 초월한 하나님뿐 아니라 자연 속의 하나님, 우리가 하나님께 보이는 경외를 땅과 물과 공기에도 보일 필요성에 대한 의식을 회복하는 중이다. 이런 회복 과정이 계속될 때에만 우리는 땅의 치유에 참여할 수 있을 것이고, 그래야만─만일 에스퀴벨이 옳다면─우리가 죽음과 부활의 위대한 순환에 참여할 수 있을 터이다.

거기에 참여하려면 우리는 어떤 단계를 밟아야 할까? 첫째, 우리는 죽은 자들이 자기 목숨을 잃은 곳, 그들이 우리에게 주는 고통 때문에 우리가 보통 피하는 그런 장소들에 가야 한다. 거기에 가면 죽음이 창조한 공허를 기꺼이 경험하려고 해야 한다. 죽음이 우리의 속을 완전히 비울 때에만 우리가 생명의 현존으로 충만해질 수 있기 때문이다.

이런 단계들은 보통 상담사가 슬픔이 다하도록 생존자에게 권하는 것이다. 죽은 사람이 한때 살았던 장소, 당신이 그 사람과 함께 살았던 장소를 피하지 말라. 거기에 가서 그냥 있으라. 당신 스스로 그크나큰 상실의 고뇌를 느껴보라. 당신이 그렇게 할 때에만 죽은 자의 영을 접촉할 수 있는 기회가 있을 것이다. 그렇게 할 때에만 당신은 몸의 부재가 몸 자체보다 더 뚜렷한 현존 의식을 낳을 수 있음을 이해하기 시작할 것이다. 그럴 때에만 당신은 생명은 완전히 잃어버리는 것이 아니라 변형될 따름임을 배우게 될 것이다.

그런데 줄리아 에스퀴벨의 경우에는 그런 권고가 사별한 자의 개인적 치유만이 아니라 공동체의 정치적인 힘을 불어넣기 위한 것이기도 하다. 이렇게 하여 우리는 에스퀴벨이 우리에게 참여하도록 요청하는 "희망의 마라톤", 곧 "죽음 저편에 있는" 목표를 향해 다 함께 달려가는 마라톤에 합류하게 되는 것이다. 그러나 그 목표, 그 부활은 개인주의에 물든 우리가 흔히 상상하듯이 개인이 죽은 상태에서 일어나는 것이 아니다. 에스퀴벨이 품은 부활의 이미지는 온 국민이 더 이상 불의가 없는 공동체가 되어 한 몸으로 일어나는 것이다. 우리가 우리의 슬픈 심정을 충분히 토로하면, 우리는 공동체의 일어남에 참여하게 되는데, 이는 곧 생존자들의 헌신을 통해 죽은 자들이 계속 살아가는 부활이다. 공동체의 유대를 통해 죽음은 생명의 에너지로 변형되고, 마침내 우리의 상실은 극복되는 것이다.

에스퀴벨에게 고립된 개개인의 부활은 없다. 그녀는 당신의 것이든 내 것이든 그녀의 것이든 사적인 부활에 대해서는 관심이 없다. 우리 각자는 우리가 공동체라고 불리는 관계의 네트워크, 살아 있는 사람들뿐 아니라 죽은 사람들, 그리고 다른 피조물들까지 포함하는 네트워크 속에 들어갈 때에만 부활하게 되는 것이다. 부활은—우리가 사람을 공동체적 존재로 이해한다면—개인적인 의미를 갖고 있지만, 무엇보다도 공동적이고 사회적이고 정치적인 사건, 곧 정의와 진리와 사랑이 열매를 맺는 사건이다.

에스퀴벨은 또한 부활을 묵시적 사건으로 보는 것 같다. "그것은 조만간에 온 세계를 뒤흔들고 모든 것을 제자리에 앉힐 지진입니다." 그녀는 우리가 함께하든 않든 일어나게 될 거대하고 지속적인 과정, 하지만 우리가 실재와 맺는 관계의 표징으로서 인정하고 또 합류하도록 요청받는 그 과정에 대하여 옛 종말의 언어로 말하는 듯하다.

묵시(apocalypse)란 단어는 본래 '노출하다', '나타내다'란 뜻이다. 그런즉 묵시적 언어는 환상이 벗겨지고 실상이 나타나는 관조의 과정을 일컫는 또 다른 방식이다. 이것이 바로 지진이 하는 역할이다. 지진은 우리가 든든한 기반 위에 서 있다는 환상을 노출하고, 감춰진 손상과 결함의 실상을 나타낸다. 지진은 우리의 삶의 표면적 구조는 손상시키지만, 그 위력은 올바른 질서가 회복되어야 할 지구 내부의 어긋남에 의해 창출되는 것이다. 이는 자연과 사람과 국가와 하나님 사이에 공동체의 부활 질서, 즉 불의의 압박에서 해방시키는 질서가 회복되는 것을 말한다.

"그대여, 우리 함께 밤을 지새워 봅시다"라고 에스퀴벨은 도전한다. "그러면 그대는… 부활의 위협을 당하며 사는 것이 얼마나 멋진 일인지를 알게 될 것입니다!" 여기에서 묵시의 이미지는 더욱 깊어진다. 예로부터 밤을 지새운다는 것은 최초의 빛의 징후를 찾아 지평선을 자세히 살피는 것이기 때문이다. 우리는 어둠 속을 응시하며 불의에 종말을 고하고 우리를 사랑의 공동체로 모으게 될 새날의 징조를 찾고 있는 것이다.

공동체 속으로 부활하는 것

이제까지 부활이 무엇이고 누가 부활로 우리를 위협하는지를 살펴본 만큼 지금은 그 '위협'의 본질을 다시 고찰하고 싶다. 나는 줄리아 에스퀴벨이 어떻게 그처럼 열광적으로 "부활의 위협을 당하며 사는 것이 얼마나 멋진 일인지…"라고 말할 수 있는지를 이해하고 싶다.

에스퀴벨이 표명하는 그런 경험을 우리가 진지하게 여긴다면, 그 부활의 위협이 나와 같은 사람에게는 명백해 보인다. 그것은 몇 가지 단순한 사실들—우리는 살아 있다는 것, 우리는 양식과 옷과 집을 소유하고 있다는 것, 우리는 교육과 직업과 소득을 선물로 받았다는 것, 따라서 우리는 이런 복을 부당하게 빼앗긴 수백만 명을 위해 행동할 만한 능력이 있다는 것 등—로 인해 어느 정도의 힘이 있다고 생각하는 우리 같은 사람들을 겨냥하는 위협이다. 만일 우리가 정말로 부활을 믿는다면, 그냥 이론적으로가 아니라 뼛속 깊이 확신하고 있다면, 우리는 정의를 위한 행동을 취함으로써 모든 소유를 잃어버릴 각오를 하지 않을 수 없을 것이다.

부활에 대한 뼛속 깊은 지식은 우리가 현재 조심스러운 자기 방위적인 삶을 정당화하려고 이용하는 두려움을 쫓아낼 것이다. 죽음에 이르는 두려움이 생명을 주는 신앙으로 대체될 것이고, 우리는 (하나님만 아시는) 누군가를 위해 무언가를 하도록 부름받을 것이다. 어쩌면 노숙자를 영접하든가, 핵무기 반대 운동을 하다가 감옥에 가든가, 폭력을 조장하는 직업을 그만두든가, 수많은 위험을 감수하고 "권력에게 진실을 말하는" 일을 하든가 해야 할 것이다. 그 과정에서 우리는 많은 소유를 잃을 수 있고, 우리의 목숨까지 잃을지도 모른다. 이것이 바로 부활의 위협이다.

나는 에스퀴벨이 말하는 "발광하는 고릴라"와 얼굴을 맞댄 적이 있는데, 당시에 내 뼛속 두려움이 신앙보다 더 강했던 것이 기억난다. 우리 집 근처의 한 대학교가 필리핀 군대의 대령을 강사로 초빙했다. 초빙 기간이 연장된 뒤에 앰네스티 인터내셔널이 그 대령이 마르코스 정권 시절 민간인 고문에 자주 참여했다는 증거를 갖고 있다는 사실이 알려졌다. 우리 몇 사람은 강의 장소에서 비폭력 데모를 하기로 결정하고 그 사람의 인류에 대한 범죄를 적은 포스터를 들고 강의실 뒤편에 조용히 서 있었다. 그리하여 미디어의 관심을 끌게 되었다.

나는 그의 영역이 아니라 내 영역에 몸담고 있었다. 필리핀 부대의 심문실이 아니라 미국의 강의실에 있었던 것이다. 또한 대령의 잔인한 행위에 좌우되지 않고 권리장전의 보호 아래 있었다. 그런데도 나는 두려웠다. 그 남자가 잠깐 동안이지만 고문을 부인한 뒤에 "그런 일이 때로는 발생한다"고 말하더니, 그의 부대가 "심문하는" 날에 한 여성 행동대원을 "빌렸다"고 말한 후, 전기고문에 관한 질문을 가볍게 일축하고는 "나에겐 그보다 더 정교한 방법들이 있다"라고 중얼거리는 소리를 듣는 것은 무서운 일이었다. 나는 그로부터 안전한 지대에 있었지만 그에게서 부활의 위협을 절감했다. 만일 내가 그의 사악한 권력에 노출되어 있었더라면 부활의 위협이 얼마나 더 강력했을지 모른다.

그렇다면 줄리아 에스퀴벨은 부활의 위협을 당하며 사는 것이 "멋진 일"이라고 어떻게 주장할 수 있을까? 그녀는 내가 모르는 어떤 것을 뼛속 깊이 알고 있는 것이 분명하다고, 나는 그저 추측할 뿐이다. 하지만 그녀의 글과 그 배후의 신앙에 의거하여 두 가지 답변을 제시할까 한다.

첫째, 우리가 좋든 싫든 죽음은 우리와 늘 함께하고 있는 만큼 생명으로 귀결되는 죽음과의 대화에 참여하는 것은 "멋진 일"임에 틀림없다. 에스퀴벨은 "죽어가면서도 살아 있다는 것, 그리고 자신이 이미 부활했다는 것을 아는 것"을 칭송한다. 우리가 죽어가면서도 살아 있다는 것, 생의 매 순간이 우리를 죽음에 더 가까이 데려간다는 것은 엄연한 사실이다. 그러나 이 사실과 대면하는 일이 처음에는 고통스럽고, 우리 속에는 가능한 한 죽음을 부정함으로 고통을 피하고 싶은 마음이 적지 않다.

우리가 현실을 부정하고 불가피한 것에 저항하는 등 환상 속에 살 때에는 우리도 모르는 사이에 긴장으로 우리의 에너지가 고갈된다. 그래서 우리가 죽음을 부정함으로 생명을 얻으려고 애쓴다면, 결국 생명을 잃게 되는 역설적인 결과를 초래한다. 이런 이유로 '환멸'(환상을 깨는 것)이 그토록 중요한 것이다. 우리가 환상을 상실할 때에야 그 배후에 있는 실상의 에너지를 공급받을 수 있기 때문이다. 일단 우리가 철저히 환상을 깨어버리고 나면 헨리 데이비드 소로와 같이 "실상은 굉장하다!"라고 말할 수 있다. 실상이 아무리 힘들지언정 그 어떤 환상보다 더 많은 생명을 보유하고 있으니까.

이것이 바로, 줄리아 에스퀴벨이 부활의 위협 아래 사는 것을 "멋지다"라고 말할 수 있는 한 가지 이유라고 나는 생각한다. 실상은 조만간에 죽음에 의해 우리에게서 떠나갈 것이다. 그러나 우리가 뼛속 깊이 부활의 위협과 함께 살 수 있다면, 우리는 진실로 잘 살게 될 것이다. 그러면 우리는 불멸하는 공동의 증언, 죽음의 세력에 의해 강화되는 증언, 그 자체가 부활의 생명인 증언에 합류하게 될 것이다.

죽음의 실체를 받아들이는 것이 에스퀴벨이 부활의 위협과 함께 사는 것을 "멋지다"라고 말한 첫 번째 이유라면, 두 번째 이유는 첫째 것의 역설이다. 우리는 죽음을 받아들이고 그 속에 들어갈 때에만 참된 생명을 알 수 있다. 달리 표현하면, 우리의 생명을 잃을 때에만 우리가 생명을 찾을 것이다.

예수가 이런 말을 했을 때에는 사람들에게 "마땅히" 할 일을 하라고 권면한 게 아니라 인생의 기본 법칙을 얘기하고 있었을 따름이다. 우리가 현재 우리가 이해하는 인생에 매달리는 한, 우리는 치명적인 이미지, 곧 우리의 에고와 사회적 프로그램과 대안에 대한 제한된 지식에 채색된 이미지를 붙들고 있는 셈이다. 반면에 우리가 현재의 인생관을 버리고 더 큰 실상이 우리 안에 또 우리를 통해 살도록 기꺼이 허락한다면, 우리는 죽어가면서도 생명력을 되찾게 된다. 그렇기 때문에 줄리아 에스퀴벨은 정의를 위해 투쟁하다가 죽은 과테말라 사람들에 대해 "그들은 지금 그 어느 때보다 생생히 살아 있다"라고 말하는 것이다.

우리의 경우, 우리가 잃어버려야 할 삶은 자율적인 자아의 이미지를 품고 살았던 삶이고, 우리가 발견할 삶은 공동체 속에 뿌리박은 자아의 인생이다. 이는 우리를 다른 사람들뿐만 아니라 자연세계와도 연결시켜 주는 공동체를 말한다. 그런즉 부활이 그토록 우리를 위협하는 것은 놀랄 일이 아니다. 부활은 우리가 우리의 인생을 주관하고 있다는 환상, 우리가 다른 누구도 책임지지 않은 채 우리가 원하는 것은 무엇이든 할 수 있다는 환상을 버리도록 강요하기 때문이다. 부활은 우리에게 그런 환상을 버리고, 우리는 다 함께 일어나고 넘어진다는 실상, 우리는 온 창조세계의 공동체 안에서, 이 공동체와 함께, 이 공동체를 위하여 살 수밖에 없다는 실상을 품으라고 요구한다.

하지만 에스퀴벨은 우리가 개인주의를 버리고 공동체의 일원임을 받아들이면 "멋진" 일이 일어난다는 것을 알고 있다. 우리는 더 이상 홀로 서지 않기 때문에 이 땅에서 덜 두려워하고 더 편안해진다. 우리가 공동체 속으로 부활하면 우리 각자는 모든 짐을 진 채 영원히 홀로 살 운명이라는, 자율적인 자아가 느끼는 내밀한 두려움에서 해방된다. 줄리아 에스퀴벨이 말하듯이, "우리가 죽음 너머 있는 목표에 도달하는 데 필요한 용기를 품을 때 우리의 짐을 덜어주는 타인들이 언제나 있다"라는 것을 아는 일은 얼마나 큰 기쁨이겠는가!

역설적이게도, 우리가 우리 삶의 참공동체 속으로 더 깊이 들어갈수록, 우리가 추구해야 할 진정한 자아가 되지 못하게 막는 여러 두려움에서 벗어나게 된다. 공동체와 개별성은, 삶과 죽음이 그렇듯이,

양자택일의 문제가 아니다. 고립된 개인주의 문화는 대규모 획일성을 낳게 되는데, 홀로 인생의 짐을 져야 한다고 생각하는 사람들이 너무 두려워서 자아의 발견에 따르는 위험을 감수할 수 없기 때문이다. 그러나 자기가 영원한 공동체 속에 뿌리를 두고 있다는 것을 아는 사람들은 자유롭게 되어 진정한 자아를 발견할 수 있게 된다.

우리는 일하고 창조하고 돌보는 활동적인 삶을 사는 동안 우리 자신을 잃어버림으로써 우리 자신을 찾고, 타인들과 함께 위대한 공동체 속에 합류함으로써 고립의 두려움에서 해방되어 진정한 자아를 실현할 수 있는 기회를 한없이 얻는다. 줄리아 에스퀴벨의 증언은, 우리가 부활의 위협을 기쁘게 포용함으로써 일하고 창조하고 돌보는 삶을 살되 헛된 죽음을 향해서가 아니라 우리 자신과 온 창조세계를 위해, 새로운 풍성한 삶을 향해 그런 활동적인 삶을 살 수 있다는 것이다.

주

1장

1. 활동적인 삶과 관조적인 삶의 역사에 대한 최고의 분석은 Hannah Arendt, *The Human Condition*(Garden City, NY: Doubleday Anchor Books, 1959)이다. 「인간의 조건」(한길사 역간).

2. Joseph Campbell, *The Power of Myth*(NY: Doubleday, 1988), 5. 「신화의 힘」(이끌리오 역간). 토마스 머튼은 *A Vow of Conversation*(NY: Farrar, Straus & Giroux, 1988), 159에서도 비슷한 논점을 개진한다.

3. Barry Lopez, *Crossing Open Ground*(NY: Charles Scribner's Sons, 1988), 69.

2장

1. Niels Bohr, Avery Dulles의 *The Reshaping of Catholicism*(San Francisco: Harper & Row, 1989)에서 인용.

2. John Howard Griffin, *Black Like Me*(Boston: Houghton Mifflin, 1961). 「블랙 라이크 미」(살림 역간).

3. Thomas Merton, *The Hidden Ground of Love*(NY: Farrar, Straus & Giroux, 1985), 454ff.

4. Dylan Thomas, "Do Not Go Gentle Into That Good Night," in *The Pomes of Dylan Thomas*(NY: New Directions, 1971), 207.

5. Water A. Elwell, ed., *Evangelical Dictionary of Theology*(Grand Rapids, MI: Baker Book House, 1984), 423-424의 "The Fortunate Fall" 항목을 보라.

6. Theodore Roethke, "The Waking," in *The Collected Pomes of Theodore Roethke*(London: Faber & Faber, 1966), 108.

7. Rainer Maria Rilke, *Letters to a Young Poet, trans. by Stephen Mitchell*(NY: Vintage Books, 1987), 78. 「젊은 시인에게 보내는 편지」(지식의 숲 역간).

8. Thomas Merton, "Hagia Sophia," in Thomas P. McDonnell, ed., *A Thomas Merton Reader*(NY: Doubleday, 1974), 506.

9. Annie Dillard, *Teaching a Stone to Talk*(NY: Haper & Row, 1982), 94-95. 「돌에게 말하는 법 가르치기」(민음사 역간).

3장

1. Eli Wiesel, Rachel Adler, "The Virgin in the Brothel and Other Anomalies: Character and Context in the Legend of Beruriah," *Tikkun*, 3(November/December 1988): 28에서 인용.

2. Martin Buber, "Sunbeams," *The Sun*(July 1989): 40에서 인용.

3. Thomas Merton, *The Way of Chuang Tzu*(NY: New Directions, 1969). 「토마스 머튼의 장자의 도」(은행나무 역간).

4. Merton, "Active Life," in *The Way of Chuang Tzu*, 141-142.

5. John McKnight, "Professionalized Service and Disabling Help," in Ivav Illich et al., eds., *Disabling Professions*(London: Marion Boyars, Inc., 1977), 69-91.

6. Alan W. Watts, "Western Mythology: Its Dissolution and Transformation," in Joseph Campbell, ed., *Myths, Dreams, and Religion*(Dallas, TX: Spring Publication, 1988), 11.

7. David Macaulay, *Great Moments in Architecture*(Boston: Houghton Mifflin, 1978), Plate XI.

4장

1. Thomas Merton, "The Woodcarver," in *The Way of Chuang Tzu*, 110-111.

2. Merton, "The Need to Win," in *The Way of Chuang Tzu*, 107.

3. 예를 들어, Richard N. Bolles, *What Color Is Your Parachute?*(Berkeley, CA: Ten Speed Press, 1981)를 보라. 「당신의 파라슈트는 어떤 색깔입니까?」 (동도원 역간).

4. Thomas Merton, "Cutting Up an Ox," in *The Way of Chuang Tzu*, 45-47.

5장

1. Martin Buber, *Tales of Angels, Spirits, and Demons,* trans. by David Antin and Jerome Rothenberg(NY: Hawk's Well Press, 1958), 9-11. 이 이야기는 다음 책에도 포함되어 있다. Howard Schwartz, ed., *Imperial*

Messages(NY: Avon Books, 1976), 113-114.

2. Buber, *Tales of Angels*, 9-11.

3. 이 놀라운 사람에 대해 더 알고 싶으면 다음 책을 보라. Stanley Vishnewski, *Wings of the Dawn*(NY: The Catholic Worker, 출판 연도 미상).

4. Nikos Kazantzakis, *The Last Temptation of Christ*, trans. by Peter A. Bien(NY: Simon and Schuster, 1960). 「최후의 유혹」(열린책들 역간).

6장

1. Paul J. Achtemeier, ed., *Harper's Bible Dictionary*(San Francisco: Harper & Row, 1985), 712.

2. Willie Nelson, *Black Rose*, on Willie Nelson, *Me and Paul*(Spicewood, TX: Willie Nelson Music Co., 1971). Sound recording.

3. Paul J. Achtemeier, ed., *Harper's Bible Dictionary*, 220.

4. John Bartlett, *Familiar Quotations*(Boston: Little, Brown, 1955), 932.

5. Henri J. M. Nouwen, "Temptation," *Sojourners*, 10(July 1981): 25-27.

6. Nouwen, "Temptation," 25-27.

7. Nouwen, "Temptation," 25-27.

8. Rilke, *Letters to a Young Poet*, 97.

7장

1. Black Elk, Richard Kehl, *Silver Departures*(La Jolla, CA: The Green Tiger Press, 1983), 8에서 인용.

2. Jean Vanier, *Community and Growth*(NY: Paulist Press, 1979). 「공동체와

성장」(성바오로출판사 역간).

8장

1. Julia Esquivel, *Threatened With Resurrection*(Elgin, IL: The Brethren Press, 1982).

2. 이 이야기를 여러 사람에게서 들었으나 글로 본 적은 없다. 언제 어디에서 생긴 이야기인지는 알 길이 없다.

3. Julia Esquivel, *Threatened With Resurrection*, 59-63.

일 · 창조 · 돌봄의 영성

초판 1쇄 발행 2013년 11월 25일

개정판 1쇄 인쇄 2018년 12월 1일
개정판 1쇄 발행 2018년 12월 14일

지은이 파커 파머
옮긴이 홍병룡
펴낸이 홍병룡
만든이 최규식 · 정선숙 · 김태희

펴낸곳 협동조합 아바서원
등록 제 274251-0007344
주소 서울시 영등포구 도림로139길 8-1 3층
전화 02-388-7944 **팩스** 02-389-7944
이메일 abbabooks@hanmail.net

© 협동조합 아바서원, 2018

ISBN 979-11-85066-82-0 03230

이 도서의 국립중앙도서관 출판예정도서목록(CIP)은 서지정보유통지원시스템 홈페이지(http://seoji.nl.go.kr)와
국가자료공동목록시스템(http://www.nl.go.kr/kolisnet)에서 이용하실 수 있습니다. (CIP제어번호 : CIP2016029072)